ADOLPHE JOANNE

GÉOGRAPHIE

DE

LOT-ET-GARONNE

12 gravures et une carte

HACHETTE ET Cie

GÉOGRAPHIE

DU DÉPARTEMENT

DE

LOT-ET-GARONNE

AVEC UNE CARTE COLORIÉE ET 12 GRAVURES

PAR

ADOLPHE JOANNE

AUTEUR DU DICTIONNAIRE GÉOGRAPHIQUE ET DE L'ITINÉRAIRE
GÉNÉRAL DE LA FRANCE

PARIS

LIBRAIRIE HACHETTE ET Cie

79, BOULEVARD SAINT-GERMAIN, 79

1881

TABLE DES MATIÈRES

LISTE DES GRAVURES

1186. — Typographie A. Lahure, 9, rue de Fleurus, à Paris.

DÉPARTEMENT

DE

LOT-ET-GARONNE

I. — Nom, formation, situation, limites, superficie.

Le département de Lot-et-Garonne doit son *nom* à deux rivières, la Garonne et le Lot, qui l'arrosent, et qui s'y réunissent au-dessous d'Aiguillon.

Il a été *formé*, en 1790, de tout ou partie de deux pays de l'ancienne **Guienne** : l'*Agenais* (388,070 hectares) et le *B[i]zadais* (116,637 hectares), et de petites fractions de deux pays de **Gascogne** : le *Condomois* (13,587 hectares) et la *Lomagne* (11,593 hectares).

Il est *situé* dans la région sud-ouest de la France ; il est compris entre 1° 13′ 2″ et 2° 28′ 2″ de longitude occidentale, 43° 48′ 48″ et 44° 46′ 48″ de latitude septentrionale. La Gironde à l'ouest, les Landes au sud-ouest, le séparent de l'océan Atlantique ; deux départements, le Gers et les Hautes-Pyrénées, le séparent de l'Espagne ; trois départements, la Dordogne, la Haute-Vienne et la Creuse, le séparent du Cher, qui occupe assez exactement le centre de la France. Son chef-lieu, Agen, est à 651 kilomètres de Paris, par le chemin de fer ; neuf départements le séparent de la capitale de la France : la Dordogne, la Haute-Vienne, la Creuse, l'Indre, le Cher, Loir-et-Cher, le Loiret, Seine-et-Oise et la Seine. En ligne droite, la distance d'Agen à Paris n'est que de 520 kilomètres.

Le département de Lot-et-Garonne est *borné* : au nord, par la Dordogne ; à l'ouest, par la Gironde ; au sud-ouest, par les Landes ; au sud, par le Gers ; à l'est, par les départements de Tarn-et-Garonne et du Lot. En général, ses limites sont artificielles ou conventionnelles, c'est-à-dire qu'elles ne sont formées par aucun obstacle naturel, fleuve ou montagne.

Sa *superficie* est de 535,396 hectares. Sous ce rapport, c'est le soixante-sixième département de la France. Il a la forme d'un carré irrégulier, dont le plus grand diamètre est la diagonale même du carré, du sud-ouest au nord-est, depuis Saint-Pé-Saint-Simon jusqu'à Blanquefort ; le plus petit diamètre est du nord au sud, depuis Cahuzac jusqu'à Lamontjoie. Le pourtour est très-sinueux.

II. — Physionomie générale.

Le département de Lot-et-Garonne est partagé en deux parties inégales (celle du nord est la plus considérable) par la large vallée de la Garonne. C'est un pays de collines appartenant en majeure partie au terrain tertiaire moyen et formant des chaînes séparées par de fertiles vallées dont le fond date de l'époque quaternaire.

La **vallée** d'alluvions ou plutôt la plaine **de la Garonne**, vaste de 96,000 hectares, est une des plus belles et des plus riches de la France. Des collines élevées, rapides, généralement recouvertes de vignobles et de vergers, se dressant le plus souvent loin et quelquefois très près de la rivière, permettent d'embrasser dans son ensemble le spectacle de ces superbes campagnes. Tels sont : le *Pech Joly* (132 mètres), au nord-ouest de Layrac ; la *colline d'Agen* (161 mètres), ou *Côte de l'Ermitage,* hardiment découpée, couverte de villas et de vignobles, et d'où le regard embrasse la ville d'Agen, aux toits de tuiles rouges dont la verdure des jardins et des promenades fait ressortir la vive couleur, le large lit de la Garonne avec ses deux ponts pittoresques, et une vaste plaine mamelonnée, parsemée de fermes et de villages. Citons aussi et sur-

tout la *colline de Port-Sainte-Marie* (215 mètres, 200 au-
dessus du fleuve), belvédère naturel dominant un amas de
maisons et de rues pittoresques.

La partie septentrionale du département, c'est-à-dire celle
qui s'étend au nord ou sur la rive droite de la Garonne, offre
plusieurs vallées principales : celles du Lot, du Dropt, de la
Lède, du Tolzat, de l'Allemance ou la Lémance, etc. Le
massif u coteau qui sépare, au nord, la Garonne du Lot
a généralement de 200 à 230 mètres d'élévation ; il est sil-
lonné de vallées profondes, dont les versants rapides sont en
certains endroits de véritables vergers. La **vallée du Lot**,
large et, surtout vers Clairac, d'une fécondité proverbiale dans
une des contrées les plus prospères pourtant du Midi, est dominée par des collines abruptes, à pans élevés de près de 150
mètres au-dessus de la rivière. Du sommet de ces collines,
mais principalement de celles de *Castelmoron* (194 mètres)
et de *Laparade*, le regard est comme ébloui par un magnifique panorama de champs, de prairies, de vignobles, de vergers, de riches villages ; la vue n'est pas moins belle du haut
du coteau escarpé de *Nicole* ou *Pech de Beyre* (165 mètres),
qui commande le confluent du Lot et de la Garonne et les
fertiles campagnes d'Aiguillon. La surface de la vallée du Lot
dans le département est de 18,500 hectares.

Au nord du Lot, la partie nord-est de Lot-et-Garonne, con-
tiguë aux départements de la Dordogne et du Lot, est plus
accidentée et plus âpre ; la rapidité des cours d'eau et l'étroi-
tesse des vallées rendent les cultures difficiles. Sur les pentes
des collines, dont la roche calcaire se montre souvent à nu,
s'étendent des forêts de chênes, de châtaigniers et de hêtres ;
quand la largeur des vallons le permet, les rivières sont bor-
dées de peupliers, de saules et d'aunes. La pittoresque vallée
de Gavaudun, dans le canton de Monflanquin, est remarquable
par ses rochers, ses cascades et les sinuosités de la Lède. C'est
dans cette région, à l'est de la Lède, entre cette rivière et
la Lémance, que se dressent les plus hautes collines de Lot-
et-Garonne. Au nord-ouest de Blanquefort, sur les frontières

de la Dordogne, le sommet de **Bel-Air** (273 mètres) est le point culminant du département ; d'autres collines, en grand nombre, dépassent 250 mètres ; celle de Monségur a 232 mètres, etc. Ces collines se prolongent dans le département de la Dordogne.

Au nord-ouest de la Lède, l'étroite, fraîche et féconde *vallée du Dropt* offre à chaque pas des sites gracieux, surtout dans la partie que le château de Duras domine du haut de sa colline escarpée. Elle est séparée de la vallée du Lot et de celle de la Garonne par une ligne de faîte dont la cime la plus élevée, au sud de Villeréal, atteint 200 mètres à peine ; mais des sommets plus hauts se pressent au sud de l'arête, dans les contre-forts qui courent entre les tributaires du Lot ou de la Garonne, au sud de Cancon par exemple, entre le Tolzat et la Lède (218 mètres). Au nord de la vallée du Dropt, des coteaux (204 mètres près de Tourliac, 179 mètres à Saint-Astier, 125 près de Villeneuve-de-Duras) se relient à ceux des départements de la Dordogne et de la Gironde.

L'autre partie du département, celle qui est comprise au sud ou sur la rive gauche de la Garonne, est moins vaste que la partie septentrionale. Les coteaux qui se terminent sur cette rive du fleuve se continuent, au sud, par les chaînes longitudinales du Gers, et vont, par conséquent, se rattacher au plateau de Lannemezan ; leur point culminant, le *coteau de Laplume* (belle vue), a 215 mètres.

Au sud-ouest, dans l'arrondissement de Nérac, les cantons de Mézin, de Casteljaloux, de Houeillès et de Damazan (en partie), — la huitième partie de Lot-et-Garonne, — sont occupés, en tout ou en partie, par des **landes** comprises entre une ligne allant de Casteljaloux à Barbaste, le cours de la Gélise et la limite du département des Landes. Ces landes forment un plateau mamelonné, élevé de 180 mètres entre Caubeyres et Ambrus, de 166 à Réaup, et, en général, de 120 à 150 mètres. Consistant jadis presque exclusivement en landes rases, surtout du côté de Houeillès, le plateau des Landes agenaises se recouvre de plus en plus de pins et de chênes-liège formant de vastes forêts et donnant lieu à une importante fabrication de bouchons, d'encriers et d'autres objets en liège. Le sous-sol de cette région est constitué par l'*alios*, espèce de tuf qui, en empêchant les eaux de filtrer et de disparaître profondément dans le sol, donne par cela même naissance, dans certains bas-fonds privilégiés, à des sources très abondantes et résistant très bien aux chaleurs ; aussi quelques vallons sont-ils arrosés, frais et pourvus de prairies. L'Avance, le ruisseau de Pindères et plusieurs autres ruisseaux s'y perdent dans des bas-fonds marécageux, et, s'engouffrant dans le sable, vont reparaître plus loin par de fortes sources. Les plus remarquables sont celles de l'Avance inférieure.

III. — Cours d'eau.

Le département de Lot-et-Garonne appartient en entier au bassin de la Garonne.

La **Garonne** naît dans les Pyrénées centrales, dans le val d'Aran, qui appartient à l'Espagne. Entrée sur le territoire français à la gorge du Pont-du-Roi, par 590 mètres d'altitude, elle traverse les départements de la Haute-Garonne et de Tarn-et-Garonne, baigne Toulouse et reçoit la Neste, le Salat, l'Ariège et le Tarn avant de pénétrer en Lot-et-Garonne, au-dessous de la Magistère.

La Garonne traverse alors une plaine fertile, d'une largeur moyenne de 10 kilomètres, où se trouvent les villes les plus florissantes du département. Elle arrose Saint-Nicolas, Sauveterre, laisse à droite Lafox, puis décrit une grande courbe vers le sud-ouest. Elle remonte alors vers le nord, longeant, à gauche, la base des collines, et traverse la plaine du sud au nord, pour aller arroser Agen. Au delà d'Agen, la Garonne prend la direction nord-ouest. Elle côtoie, à droite, quelques collines, puis traverse la plaine et baigne Saint-Hilaire (rive droite). Longeant la grande route et le chemin de fer d'Agen à Bordeaux, elle rase, du même côté, la base des collines, et passe à Port-Sainte-Marie. Là, quittant la base des collines et remontant vers le nord, elle passe à Thouars, laisse à gauche Saint-Léger, et traverse l'admirable plaine formée, près d'Aiguillon, par son confluent avec le Lot. Après avoir laissé à droite la petite ville florissante d'Aiguillon, et dépassé Nicole (rive droite) et Monheurt (rive gauche), elle baigne Tonneins (rive droite), où elle atteint une largeur considérable, décrit ensuite de nombreux zigzags, passe au-dessous de Lagruère. Dominée à gauche par les coteaux du Mas-d'Agenais, elle passe plus loin à Taillebourg (rive droite), laisse à gauche Caumont et Fourques, et, après un long détour, arrive à Marmande. Au-delà de Marmande, la Garonne se dirige vers l'ouest, baigne Couthures (rive gauche), s'y divise en deux bras pour former l'île Gridon, et décrit un grand coude vers le sud pour gagner Meilhan (rive gauche). Elle remonte ensuite vers le nord, puis tourne vers l'ouest ; elle entre dans le département de la Gironde un peu avant Bourdelles (rive droite).

Dans le département de la Gironde, la Garonne baigne la Réole et Bordeaux, se réunit, au Bec-d'Ambès, à la Dordogne, et forme avec elle un vaste estuaire, appelé Gironde, qui va déboucher dans l'Océan.

Officiellement navigable à partir du confluent du Salat, la Garonne ne l'est réellement qu'à partir de Toulouse, et encore par un canal Latéral qui commence à Toulouse même, où il communique avec le célèbre canal du Midi ou des Deux-Mers, et se termine au-dessous de la Réole, à 53 kilomètres en amont de Bordeaux, à Castets, point précis où commence de se faire sentir l'influence de la marée. Ce beau fleuve est généralement fort large, mais il ne coule pas à plein lit pendant toute l'année ; s'il peut rouler, en grandes crues, 10,000 à 12,000 mètres cubes par seconde, et peut-être plus, s'il peut menacer Toulouse, Agen et vingt villes de sa vallée, il peut aussi, à la suite des longues sécheresses, ne débiter que 37 mètres cubes d'eau par seconde. Toutefois son étiage ordinaire, — étiage qui répond à peu près à basses eaux, — est de 102 mètres cubes, et son débit moyen de 659. A Bordeaux, dont le port reçoit, grâce à la marée, des navires de 2,000 et même de 2,500 tonnes, sa largeur est de 500 à 700 mètres ; elle est de 1,000 à 1,200 mètres au point où elle rencontre la Dordogne, dont la largeur est égale ou même supérieure à la sienne.

En Lot-et-Garonne, le fleuve reçoit le ruisseau de Néguevieille, l'Auroue, l'Estressot, la Séoune, le Gers, la Jorle, le Brimont, le ruisseau de Mondot, le ruisseau d'Agen ou de Pont-du-Casse, le ruisseau d'Aubiac, la Bagneaugue, le ruisseau de Saint-Hilaire, le ruisseau de Saint-Martin, le ruisseau de Sérignac, la Masse, l'Auvignon, la Bayse, la Gaubège, le Lot, l'Ourbise, le Tolzat, le Trec, l'Avance, la Gupie, et, hors du département, le Dropt et le Ciron.

Le *ruisseau de Néguevieille*, qui passe près de Grayssas, a son embouchure (rive droite) à 2 ou 3 kilomètres en amont de Saint-Nicolas-de-la-Balerme.

L'*Auroue* prend sa source dans le département du Gers. Après 51 kilomètres de cours, par 74 mètres d'altitude, il forme la limite (sur 10 kilomètres) des départements de Tarn-et-Garonne et de Lot-et-Garonne ; il entre dans ce dernier département et va se jeter dans la Garonne (rive gauche) à Saint-Nicolas-de-la-Balerme (50 mètres).

L'*Estressot* débouche à Sauveterre (rive gauche).

La **Séoune** prend sa source près du hameau de la Séoune, canton de Montcuq (Lot). Elle traverse ensuite le département de Tarn-et-Garonne, puis, au delà de Montjoi, sert pendant quelques kilomètres de limite entre ce département et celui de Lot-et-Garonne. Elle entre ensuite dans ce dernier, reçoit à droite un affluent descendu de la vallée de Saint-Maurin, laisse à droite Tayrac, et à gauche Puymirol, bourg important, en face duquel débouche (rive droite) le *ruisseau de Gandaille*. Son cours s'élargit alors, elle passe à Saint-Pierre-de-Clairac (rive gauche), où elle se grossit (rive droite) de la *Petite Séoune*, son affluent le plus important (45 kilomètres de cours), qui prend sa source dans le canton de Montaigu (Tarn-et-Garonne). La Séoune longe, à droite, les escarpements de Castelculier, croise le chemin de fer et le canal latéral à la Garonne, traverse Lafox, et va se jeter dans la Garonne (rive droite) au delà de ce village. Cours, 77 kil.

Le **Gers** prend sa source dans les landes de Lannemezan (Hautes-Pyrénées); il traverse les Hautes-Pyrénées et le département auquel il a donné son nom ; il laisse à gauche Auch, à droite Lectoure. Quand il entre dans Lot-et-Garonne, où il passe à Astaffort (rive droite) et à Layrac (rive gauche), le Gers a parcouru 167 kilomètres, et il est descendu à 60 mètres d'altitude. 18 kilomètres lui restent à parcourir pour atteindre la Garonne, qu'il rejoint au-dessous du bourg de Layrac, à une altitude de 42 mètres. Sa longueur totale est de 185 kilomètres.

La *Jorle* débouche dans la Garonne (rive gauche) en face de Boé.

Le *Brimont*, qui descend du coteau de Laplume, a son embouchure à 1,500 mètres en aval du précédent.

Le *ruisseau de Mondot* rejoint la Garonne (rive droite) à 2 kilomètres et demi en amont d'Agen.

Le *ruisseau d'Agen* ou *de Pont-du-Casse*, appelé aussi la *Masse*, naît dans la commune de Monbalen et descend rapidement une étroite vallée. Il reçoit, à gauche, un affluent important qui prend sa source au nord de Laroque-Timbaut. longe, à gauche, les escarpements de Bajamont, et vient baigner Pont-du-Casse. Là, il se grossit, à gauche, d'un autre ruisseau qui naît au sud de Laroque-Timbaut, et dont la vallée est parallèle au cours du ruisseau d'Agen. Ce cours d'eau, ainsi grossi, élargit considérablement son lit. Avant de déboucher dans la vallée de la Garonne, il passe au-dessous du canal Latéral, traverse ensuite Agen et va se jeter dans le fleuve (rive droite).

Le *ruisseau d'Aubiac*, qui vient du village de ce nom, se perd dans la Garonne (rive gauche) à 4 kilomètres environ en amont de Saint-Hilaire, village où débouche un cours d'eau assez important, le *ruisseau de Saint-Hilaire*, qui arrose la commune de Madaillan.

La *Bagneaugue* est un modeste cours d'eau qui a son confluent (rive gauche) en face de Saint-Hilaire.

Le *ruisseau de Saint-Martin*, qui coule au-dessous de Lusignan, mêle ses eaux à celles de la Garonne à 1,500 mètres en aval de Saint-Hilaire (rive droite).

Le *ruisseau de Sérignac*, formé par deux branches entre lesquelles est situé le village de ce nom, et qui descendent des hauteurs de Moncaut et de Montagnac, a son embouchure à 1,500 mètres en aval de celle du ruisseau de Saint-Martin.

La *Masse* prend sa source sur le territoire de Sembas, à 215 mètres d'altitude. Grossie par plusieurs affluents, elle longe la base des collines de Laugnac (rive gauche), puis Prayssas (rive droite). Partout étroitement encaissée, elle reçoit, à droite, le ruisseau du Roubillou, et débouche dans la vallée de la Garonne (rive droite), en amont de Port-Sainte-Marie.

L'*Auvignon*, né dans les collines du Mas-d'Auvignon (Gers), à 226 mètres, entre dans Lot-et-Garonne à l'est de Francescas. Il décrit de nombreux lacets et reçoit plusieurs petits affluents. Il se grossit ensuite, à droite, d'un fort affluent; il est endigué pendant plusieurs kilomètres, puis, coulant dans une étroite vallée, il débouche, à Bruch, dans la plaine de la Garonne, qu'il traverse de l'est à l'ouest, après avoir passé sous le canal latéral à la Garonne. Il se jette dans le fleuve au hameau de Meneaux (rive gauche), entre Port-Sainte-Marie et Thouars. Cours, 58 kilomètres.

La **Bayse** ou *Baïse* naît à 660 mètres d'altitude, à l'ouest de Labarthe-de-Neste, dans les Hautes-Pyrénées. Après un parcours de 39 kilomètres dans ce département, elle entre dans le Gers, où elle arrose Mirande et Condom. Elle pénètre ensuite, par 60 mètres d'altitude, en Lot-et-Garonne. Dans ce département, elle passe au pied de Moncrabeau et du beau château de Lasserre (rive droite), traverse Nérac, qu'elle divise en deux parties, passe sous le beau viaduc de Pont-de-Bordes, reçoit la Gélise, arrose Lavardac, la petite ville fortifiée de Vianne (rive gauche), Feugarolles (rive droite), passe sous le pont-aqueduc de Larderet, que traverse le canal latéral à la Garonne, communique à Buzet par des écluses avec ce canal,

et se jette dans la Garonne (rive gauche) un peu au-dessus du
beau pont suspendu de Port-de-Pascau, à 3 kilomètres en
amont du confluent du Lot. La longueur de son cours est
de 174 kilomètres.

La Bayse reçoit, entre Barbaste et Lavardac (rive gauche), la
Gélise, une des plus jolies rivières de la Gascogne, qui appartient au département du Gers par son cours supérieur. Quand
cette rivière a laissé à gauche l'antique ville d'Eauze, elle sert
de limite, sur une longueur de 16 kilomètres, entre le département des Landes et celui du Gers, puis, sur une longueur de
7 kilomètres, entre le Gers et Lot-et-Garonne. A son entrée définitive dans ce dernier département, la Gélise a parcouru
57 kilomètres depuis sa source, et il lui en reste 35 à parcourir avant d'aller rejoindre la Bayse. Dans Lot-et-Garonne, elle
arrose Sos, Poudenas, Mezin, Barbaste, où elle fait mouvoir
les meules du beau moulin d'Henri IV. — La Gélise a pour
affluents : à son entrée dans Lot-et-Garonne (rive gauche), le
Rimbez, qui forme pendant plusieurs kilomètres la limite dé-
partementale du côté des Landes ; au-dessus de Sos (rive gauche), la *Gueyze*, qui passe non loin de Meylan ; près de Mezin
(rive droite), l'*Auzoue* ou la *Lauzoue* (72 kilomètres), née
dans le Gers, où elle baigne Montréal ; à 2 ou 3 kilomètres en
aval de Lisse (rive droite), la *Losse*, misérable ruisseau, malgré son cours de 120 kilomètres, qui naît sur les limites des
Hautes-Pyrénées et du Gers où il baigne Vic-Fezensac ; à Barbaste (rive gauche), le *ruisseau de Barbaste*.

La *Gaubège* a son embouchure (rive gauche) à 2 ou 3 kilomètres en aval de Saint-Léger.

Le **Lot**, plus long qu'abondant, n'a pas moins de 480 kilomètres , grâce aux innombrables sinuosités d'un cours en
moyenne dirigé vers l'ouest ; mais son bassin est assez étroit
pour permettre à ses eaux de descendre à l'étiage à 10 mètres
cubes par seconde, et même à moins, le volume des plus
grandes crues étant de 4,000 mètres cubes environ. Le Lot
commence à 1,300 mètres environ d'altitude, dans les mon-
tagnes du département de la Lozère, baigne Mende, puis entre

Villeneuve-sur-Lot.

dans le département de l'Aveyron, où il passe devant Espalion, et reçoit la Truyère à Entraigues. Il sépare ensuite le département de l'Aveyron de celui du Lot, où il baigne Cahors.

Il pénètre dans le département de Lot-et-Garonne un peu en aval des ruines de la ville d'Orgueil (rive gauche), arrose Fumel (rive droite), au-dessous duquel il se dirige sensiblement vers le sud, et, quoique son cours soit assez large, il descend une étroite vallée, et passe à Libos, entre Saint-Sylvestre (rive droite) et Penne (rive gauche). Sa vallée s'élargit ensuite ; il traverse Villeneuve-sur-Lot, un des marchés les plus importants du département, décrit de nombreux lacets, et baigne Casseneuil (rive droite), Hauterive (rive droite), Sainte-Livrade (rive gauche), Fongrave (rive droite), le Temple (rive gauche), rase les murs de Castelmoron (rive droite), d'où partent de magnifiques escarpements qui se continuent jusqu'à Laparade. Après avoir passé à Granges (rive gauche), le Lot laisse à droite Laparade, au sommet de ses escarpements, baigne Clairac (rive droite), et décrit ensuite une grande boucle vers le sud, à travers une plaine fertile formée par son confluent avec la Garonne. Il arrose, à gauche, Aiguillon, passe sous le chemin de fer d'Agen à Bordeaux, et va se jeter dans la Garonne un peu au nord de cette ville, au pied de la colline escarpée de Nicole, par 22 mètres d'altitude. Le Lot est navigable, à l'aide d'écluses, dans toute la traversée de Lot-et-Garonne. Le trafic est faible sur cette rivière, l'une de celles qui ont généralement trop ou trop peu d'eau ; il consiste en houilles du bassin de l'Aveyron, en vins, en bois, en métaux.

Le Lot reçoit, en Lot-et-Garonne : en amont de Fumel, (rive droite) la *Thèse* (30 kilomètres), qui a sa source et la plus grande partie de son cours dans le département du Lot ; à 2 kilomètres en aval de Fumel, (rive droite) la *Lemance* (30 kilomètres), qui naît dans les collines (387 mètres) du canton de Villefranche (Dordogne), prête sa vallée au chemin de fer de Périgueux à Agen, arrose Sauveterre, Saint-Front, Cuzorn et Monsempron ; à Port-de-Penne, (rive gauche) le *Boudouyssou* (grossi du *ruisseau de Lartigue*), qui arrose Tournon (cours,

30 kilomètres) ; à Casseneuil, (rive droite) la *Lède* (55 kilomètres), qui naît dans les collines portant le château de Biron et dans celles de Soulaures (273 mètres), sur les limites de la Dordogne et de Lot-et-Garonne, coule dans la pittoresque vallée de Gavaudun et passe au pied de Monflanquin ; à 3 kilomètres en amont de Clairac (rive gauche), le *ruisseau de Salabert*, qui baigne Laffitte.

La *Loubrise*, l'*Ourbise*, ou *Orbise*, naît dans les Landes, à Saint-Julien, commune de Fargues, fait aussitôt mouvoir un moulin, baigne Villefranche, traverse le canal Latéral et se jette dans la Garonne par deux bras, l'un vis-à-vis de Tonneins, l'autre à Lagruère. Elle disparaît dans les sables, aux Prés-Secs, pour reparaître 300 mètres plus loin.

Le *Tolzat* est formé par deux bras qui se réunissent en amont de Varès. L'un, celui de l'ouest, prend sa source près de Saint-Maurice, laisse à gauche Monviel, à droite Villebramar et Tombebœuf, passe à Verteuil (rive droite), et se joint ensuite au bras de l'est. Ce dernier prend sa source sur le revers opposé des collines de Saint-Maurice, laisse à droite Moulinet, Monclar-d'Agenais et va se réunir à son affluent pour former le Tolzat. Le Tolzat passe à Varès, reçoit à gauche la *Torgue*, qui descend de Laparade, et va se jeter dans la Garonne en aval de Tonneins. Cours, 32 kilomètres.

Le *Trec* prend sa source près de Montignac, au pied de la colline de la Toupinerie (139 mètres) ; il arrose Seyches (rive droite) et reçoit du même côté plusieurs petits affluents. Il se grossit ensuite d'un fort affluent sur sa rive gauche. Sa vallée s'élargit alors ; il débouche dans la plaine de la Garonne, toute parsemée de hameaux et de fermes. Il reçoit à gauche la *Canaule*, qui passe entre Gontaud et Saint-Pierre-Nogaret ; arrivé au hameau de Libon, au lieu d'aller se jeter directement dans la Garonne, il fait un grand coude vers le nord-ouest, passe à Saint-Pardoux (rive droite), et va rejoindre la Garonne sous les murs de Marmande (rive droite).

L'**Avance** prend sa source au sud-ouest de Durance, dans un pays de landes ; elle traverse les landes du Tillet, disparaît

2

dans les sables de la Réunion, à la Taillade, pour reparaître aux sources abondantes de Neuffons ; elle se grossit de nombreux ruisseaux alimentés par les infiltrations des landes, baigne Casteljaloux (rive gauche), puis Bouglon (rive gauche). Après avoir passé au-dessous du canal Latéral, elle débouche dans la plaine, fait mouvoir les minoteries de Cantecort et de Dupont, et se jette dans la Garonne (rive gauche), à 5 kilomètres en aval de Marmande. Cours, 58 kilomètres.

La *Gupie* descend des collines de Cambes (126 mètres), reçoit le *Caubon*, passe à Castelnau, croise la ligne de Bordeaux à Cette et se jette dans la Garonne près de Ste-Bazeille.

Le **Dropt** ou *Drot* (128 kilomètres) se forme dans les collines de Capdrot (Dordogne), qui ont une hauteur d'environ 250 mètres. Il serpente dans une très jolie vallée appartenant tantôt à la Dordogne, tantôt au Lot-et-Garonne. Il passe à 3 kilomètres au nord du fameux château de Biron, dans les délicieuses prairies d'Eymet, au pied de la colline escarpée qui porte le château de Duras. Il entre alors dans le département de la Gironde, où il rejoint la Garonne (rive droite) par deux bras, l'un à Gironde, l'autre près de Caudrot. Rivière sans affluents notables (sauf peut-être la *Dourdèze*, qui débouche au-dessous de Duras, rive droite), le Dropt, qui aurait peu d'eau en été sans les retenues des moulins, est pourtant navigable à partir d'Eymet (63,690 mètres), par le moyen de 21 écluses ; mais le mouvement de remonte et de descente est presque nul, malgré la grande richesse du pays.

Le *Ciron* est une limpide rivière de 90 kilomètres qui, constamment dans les landes, coule au sein d'un joli vallon, sur fond de sable, au pied de berges régulières ou de mamelons sablonneux. Né d'une lagune du département des Landes, il traverse en Lot-et-Garonne le canton d'Houeillès, puis il entre dans le département de la Gironde, où il gagne la Garonne (rive gauche), entre Preignan et Barsac.

CANAUX. — Le **canal Latéral à la Garonne**, qui fait suite au canal du Midi, avec lequel il se raccorde sous les murs de Toulouse, entre dans le département en même temps que la Garonne, dont il longe la rive droite. A Agen, il est alimenté par une prise d'eau de la Garonne, et il passe sur la rive gauche du fleuve par un magnifique pont-aqueduc, appelé à Agen pont-canal; il reçoit en outre de l'eau de la Bayse, près de Buzet, et de l'eau de l'Avance; il entre dans le département de la Gironde au nord de Meilhan, et va gagner la Garonne, par la rive gauche, à Castels, à 8 kilomètres en aval de Langon, après un parcours total de 193 kilomètres. Sa pente totale, de 170 mètres, est rachetée par 72 écluses. Ce canal sert au transport des marchandises encombrantes, telles que houilles, bois, pierres brutes, à l'arrosage des terres et à quelques usines.

D'autres canaux aident à la navigation de la Bayse.

IV. — Climat.

Le département de Lot-et-Garonne appartient à celle des sept régions françaises que l'on appelle la *région girondine*. Ce nom tient précisément à ce que le climat règne sur tout le bassin de la Gironde. Le climat girondin est généralement doux, égal, agréable. Les différences de température que l'on observe entre les lieux habités du département dépendent du degré d'altitude, de la situation au fond des vallons ou sur les hauteurs, de la nature calcaire ou sablonneuse du sol, de son plus ou moins grand degré de perméabilité. La région des Landes est, pour ce motif, moins saine que le reste du département. La température moyenne d'Agen est de 13°7, soit 3°1 de plus que celle de Paris; la température moyenne de l'hiver dans la même ville, est de 6°20; celle du printemps, de 13°87; celle de l'été, de 22°42; celle de l'automne, de 12°38. Année ordinaire, il tombe en moyenne, à Agen, 800 millimètres de pluie.

V. — Curiosités naturelles.]

Si le Lot-et-Garonne offre de gracieux paysages, des vallées profondes et des rochers pittoresques, il ne possède point

de curiosités naturelles proprement dites. Dans le haut Agenais, de nombreuses cavités naturelles ont servi de refuge aux
hommes primitifs, mais elles intéressent plutôt les savants
que les touristes.

VI. — Histoire.

Dans la période préhistorique, le territoire qui forme
aujourd'hui le département de Lot-et-Garonne a été habité
par des peuplades qui ont laissé des objets de toutes sortes,
témoins irrécusables de leurs différents états de civilisation.
Avant que l'usage des métaux fût répandu dans l'humanité,
les habitants primitifs de la terre, contemporains d'animaux gi-
gantesques, aujourd'hui disparus, mais dont l'existence nous
est révélée par les ossements fossiles, se servaient de silex
grossièrement taillés ou d'os pour fabriquer les armes et les
outils dont ils avaient besoin. On a retrouvé un grand nombre
de ces objets dans les grottes de la Pronquière et de las Pélénos, sur les bords du Lot, ce qui prouve que le pays est habité depuis une antiquité très reculée. Plus tard, l'art de
tailler et de polir les silex s'est perfectionné, et de nombreux
instruments se rapportant à cette phase de civilisation plus
avancée ont été découverts dans le haut Agenais. La contrée
abonde en grottes où l'homme pouvait se mettre à l'abri de
l'air et se défendre contre les animaux. Un géologue distin-
gué, M. Combes, pense que l'homme primitif a d'abord habité
les rives du Lot, la Pronquière et las Pélénos, puis qu'il
s'est dirigé vers Gavaudun et de là vers la Dordogne, où il a
laissé de nombreuses traces de son passage.

D'autres objets se rapportant aux âges du bronze et du fer
ont été recueillis sur différents points du département, mais
en nombre moins grand que les silex et les os travaillés.

Avant l'invasion romaine, le pays était occupé par une peu-
plade d'origine celtique, les *Nitiobroges* (ainsi désignés dans
César et dans Pline), improprement appelés *Nitiobriges*; leur
capitale est désignée par les historiens et géographes latins

THEROND   LALY

sous le nom d'*Aginnum* (Agen). Les Nitiobroges ne prirent aucune part aux révoltes des Aquitains contre la domination romaine, révoltes dont le principal épisode fut le siège de Sos par Crassus, lieutenant de César (56 avant J.-C.), et qui ne se terminèrent que l'an 27 après J.-C., sous le règne d'Auguste.

Lorsque Vercingétorix fit un appel à tous les peuples de la Gaule pour secouer le joug des Romains, les Nitiobroges envoyèrent au héros de l'indépendance gauloise 5,000 combattants, sous les ordres du chef Teutomat. Malheureusement, Vercingétorix fut vaincu sous les murs d'Alésia, et la cause gauloise ruinée avec lui.

Les Romains, maîtres de la Gaule, englobèrent le pays dans la province d'Aquitaine. Sous leur domination, l'Agenais atteignit un degré de prospérité inconnu jusque-là. De riches patriciens firent construire des villas sur les coteaux qui dominent les vallées de la Garonne et du Lot, et sur divers autres points du département. La villa de Bapteste, dans la commune de Lasserre, située à mi-côte au-dessus de la vallée de la Bayse, et provisoirement dégagée, présente un type complet de la somptueuse villa romaine. De nombreuses salles revêtues de stucs et de plaques de marbre, ornées d'élégantes mosaïques, attestent une grande richesse. Des fouilles savamment conduites y ont fait découvrir un grand nombre d'objets : ustensiles de ménage, armes, vases, objets de toilette, etc. Il faudrait dépasser les limites de cette notice historique pour donner la liste complète des restes gallo-romains retrouvés dans le département. Une grande route militaire faisait communiquer *Aginnum* avec *Divona* (Agen avec Cahors); une autre grande route, la *voie Clermontoise*, de construction gauloise, reliait Agen avec Gergovie (près de Clermont-Ferrand).

Le christianisme fut prêché dans l'Agenais, vers le milieu du IIIe siècle, par saint Caprais, qui subit le martyre en 287 ou 290. Saint Martial, saint Firmin et saint Vincent, qui vinrent quelques années plus tard, continuèrent son œuvre avec succès. Sainte Foi, qui devint la patronne de la ville d'Agen, fut brûlée vive dans une grande persécution ordonnée par Dioclétien vers 287. Saint Phébade, qui figura dans un concile tenu à Rimini (Italie) en 359, est considéré comme le premier évêque d'Agen.

Le pays eut beaucoup à souffrir des invasions barbares au cinquième siècle. Les Wisigoths, maîtres du bassin de la Garonne, l'occupèrent à partir de 419. A l'inverse des autres Barbares, ils gouvernèrent avec modération et continuèrent l'œuvre des Romains. Malheureusement, leurs princes, étant ariens, commirent la faute de persécuter les catholiques. Lorsque Clovis, roi des Francs, mettant ses intérêts politiques au-dessus de sa religion, eut embrassé le christianisme, les populations de l'Aquitaine, qui virent en lui un libérateur, l'appelèrent de tous leurs vœux. Le roi des Francs envahit l'Aquitaine, et la victoire de Vouillé (507) étendit sa domination jusqu'aux Pyrénées. Après sa mort, les pays du Midi furent bizarrement distribués entre ses successeurs. Chilpéric Ier puis Gontran possédèrent la plus grande partie du bassin de la Garonne. Ce dernier, pour le conserver, dut le disputer d'un côté à un prétendant, nommé Gondowald, qui voulait reconstituer au sud de la Loire la civilisation romaine, de l'autre aux Vascons, peuple espagnol qui commençait déjà à se fixer dans l'Aquitaine. Le prétendant et ses projets furent anéantis avec la ville de *Lugdunum Convenarum* (Lyon de Comminges, rebâtie plus tard sous le nom de Saint-Bertrand), en 585; les Vascons, après deux campagnes infructueuses dirigées contre eux (531 et 587), furent enfin subjugués en 602, mais restèrent dans le pays où ils s'étaient peu à peu répandus et qui prit dès lors le nom de *Vasconie* ou *Gascogne*. Un duc leur fut donné comme gouverneur : *Genialis*, à qui succéda *Aghinan*. On ne connaît de ces deux personnages que leurs noms.

La ruine de Lyon de Comminges et la défaite des Gascons ne rendirent toutefois ni complète ni définitive la soumission de la Gaule du Midi à celle du Nord. Les rois francs eux-mêmes rétablirent dans l'Aquitaine (nom donné désormais à tous les pays s'étendant entre la Loire et les Pyrénées) un état qui, avec sa vassalité officielle, sut conserver une grande indépendance. Dagobert en fit un apanage pour son frère puîné *Caribert*, qui prit le titre de roi de Toulouse (630-631) et eut pour successeurs, comme simples ducs d'Aquitaine : *Childéric* (631-637) ; *Boggis* et *Bertrand* (637-688) ; *Eudes* (688-755), qui ne put empêcher les Sarrasins de piller toute la Gascogne ; enfin *Hunald* et *Waïfre*, vivement combattus par Pépin le Bref et par Charlemagne, et vaincus par ce dernier, en 768. Charlemagne érigea l'Aquitaine en royaume (781). Son fils, Louis le Débonnaire, fut roi d'Aquitaine jusqu'en 814. Après lui vinrent Pépin Ier (815-839), Pépin II (839-855), Charles, fils de Charles le Chauve (855-865), et Louis le Bègue qui, par son avènement au trône de France, en 877, réunit de nouveau le Midi au Nord. Mais les ducs de Gascogne, qui n'étaient d'abord que de simples préfets des rois d'Aquitaine, se déclarèrent alors indépendants. L'un d'eux,. Sanche-Mitarra Ier, élu par le peuple en 872, fonda la maison des ducs héréditaires de Gascogne. L'Agenais, qui appartenait aux ducs de Gascogne, fut, à cette époque, plusieurs fois ravagé par les incursions des pirates normands qui remontaient le cours de la Garonne et qui détruisirent Agen de fond en comble, en 840. En 976, Gombaut, évêque d'Agen, frère du duc Guillaume-Sanche, le vainqueur des Normands, reçut de lui en apanage le comté d'Agen. Gombaut prit le titre de comte d'Agen et le transmit aux évêques ses successeurs, qui réunirent le pouvoir temporel à l'autorité spirituelle. Ces évêques-comtes relevèrent des comtes de Périgord, qui relevaient eux-mêmes des ducs d'Aquitaine. Plus tard, ils eurent pour suzerains immédiats des comtes de Bordeaux, dont l'héritière, Brisque, épousa, en 1030, le duc d'Aquitaine, Guillaume V. Son arrière-petite-fille, Éléonore de Guienne, épousa, en 1137, le roi de France, Louis VII, et lui apporta l'Aquitaine presque entière. Agen se trouva ainsi placé sous l'autorité du roi de France. Mais en 1152, Éléonore divorça avec Louis VII, et se maria avec Henri Plantagenet, comte d'Anjou. En 1155, Henri monta sur le trône d'Angleterre ; l'Aquitaine devint un instant un fief de l'Angleterre. Richard Cœur-de-Lion, fils d'Henri, fit plusieurs fois la guerre aux comtes de Toulouse. En 1196, il maria sa sœur, Jeanne, à Raymond VI, comte de Toulouse, en lui donnant l'Agenais pour dot. Agen jouissait alors depuis plus d'un siècle des avantages de l'organisation communale. Il avait deux consuls électifs et un conseil de prud'hommes qui réglaient de concert toutes les affaires de la cité. Raymond confirma la commune d'Agen et en étendit les privilèges.

L'Agenais eut à souffrir de la terrible guerre des Albigeois (1208-1223), dont le pape Innocent III fut le principal instigateur. Les populations du Midi étaient accusées de professer des idées religieuses en désaccord avec celles du catholicisme ; et Raymond VI, comte de Toulouse, paraissait les favoriser. Les remontrances du pape restant vaines, celui-ci prêcha la croisade, et l'on vit alors les hommes du Nord se ruer sur ceux du Midi avec l'enthousiasme qui avait précipité l'Europe catholique contre les Sarrasins dans les croisades précédentes. Simon de Montfort, le chef des croisés, qui alliait une piété sincère à la plus abominable cruauté, entraîna avec lui des hordes de bandits plus ou moins fanatiques qui, pendant plusieurs années, dévastèrent toute la région comprise entre le Rhône, les Pyrénées, la Garonne et même la Dordogne, et en décimèrent la population.

En 1212, l'évêque d'Agen, Arnaud de Rovingha, appela le terrible général des croisés. Grâce à la connivence de l'évêque, Simon de Montfort trouva la ville d'Agen tout ouverte et y fut bien reçu. Les forteresses de Penne et de Casseneuil firent une héroïque résistance ; elles ne cédèrent qu'après une longue lutte. Raymond VI reconquit Agen l'année suivante ; mais la bataille de Muret (12 septembre 1215), gagnée par Simon de Montfort, remit Agen au pouvoir des envahisseurs. Cette date, capitale dans l'histoire de France, marque la suprématie définitive du Nord sur le Midi, et le triomphe de la langue d'oïl (ou français) sur les dialectes de la langue d'oc. Les Toulousains se révoltèrent à différentes reprises contre Simon de Montfort ; celui-ci s'apprêtait à les exterminer dans leur ville, lorsqu'il fut atteint par une pierre qu'une femme avait lancée du haut des remparts au moyen d'une machine (25 juin 1218). Dès lors, le Midi commença à respirer. Le fils de Simon, Amaury de Montfort, impuissant à continuer l'œuvre sanglante de son père, fut obligé de recourir au roi de France. Philippe Auguste et plus tard Louis VIII intervinrent entre Amaury et Raymond VII, le successeur de Raymond VI. La guerre fut terminée par le traité de Meaux (1229), qui stipulait le mariage d'Alphonse, le second fils de Louis VIII, avec Jeanne de Toulouse, fille unique de Raymond VII.

A la mort de Raymond VII, l'Agenais passa, en effet, comme tout le comté de Toulouse, entre les mains d'Alphonse, dont l'administration fut sage et paternelle. Ce prince étant mort sans enfants (1271), Philippe le Hardi, héritier direct d'Alphonse, entra en possession de ses domaines.

Malheureusement le traité de Meaux n'avait pas réparé toutes les plaies du Midi. Le tribunal de l'Inquisition (1229), qui confiait, dans chaque paroisse, à un prêtre, assisté de deux ou trois laïques, le soin de rechercher les hérétiques, continua, sous une autre forme, les persécutions inaugurées par les soldats de Simon de Montfort. En 1249, il vint siéger à Agen, où quatre-vingts personnes furent brûlées en un seul jour.

Raymond VII et Alphonse accordèrent de nombreuses franchises aux villes placées sous leur domination, et encouragèrent le commerce et l'industrie. Mais plusieurs villes ayant été ravagées ou détruites pendant la guerre des Albigeois, les seigneurs, à l'exemple des derniers comtes de Toulouse, se mirent à en bâtir de nouvelles, qui reçurent le nom général de bastides. C'est ainsi que, dans l'espace d'un siècle, l'Agenais vit s'élever : *Castillonnès* (1259); *Damazan* (1250-1271) ; *Lamontjoie* (1298) ; *Miramont* (fin du XIIIᵉ siècle) ; *Monclar* (1279-1289) ; *Monflanquin* (1279-1296) ; *Puymirol* (1246), bâtie sur l'emplacement d'une ancienne ville romaine ; *Saint-Sardos; Sérignac* (1273) ; *Tournon ; Vianne* (1284) ; *Villeneuve-sur-Lot* (1264), fondée par les moines d'Eysses et

les habitants de Pujols; *Villeréal* (1250-1271). Citons encore :
Laparade ; Aiguillon (1300-1301); *Saint-Pastour* (1289);
Sainte-Livrade ; Saint-Julien-de-Coulourbise, commune de
Fargues; *Montpouillan*, etc.

Quoique l'Agenais fût entré, en 1271, dans le domaine
royal de France, les rois d'Angleterre élevèrent des contesta-
tions au sujet de sa possession, et par le traité d'Amiens
(1279), Édouard Ier d'Angleterre se le fit restituer ; mais il ne
jouit pas longtemps de cette acquisition. Vers 1292, une que-
relle entre des marins anglais et normands, que signalèrent
de grandes violences, offrit à Philippe le Bel l'occasion de res-
saisir l'Agenais. Il y avait à bord des navires anglais un grand
nombre de Gascons. Le sénéchal du roi de France à Périgueux
cita les Gascons à son tribunal et ordonna la mise en séquestre
de Bordeaux, d'Agen et d'autres places. Les officiers anglais
ne tinrent aucun compte de l'assignation, et Philippe cita devant sa cour des pairs le roi d'Angleterre lui-même, qui, en
qualité de duc d'Aquitaine, était son vassal. A ce moment,
Édouard Ier employait contre l'Écosse des procédés à peu près
semblables à l'appui de prétentions analogues. Tout acte de
rébellion de sa part contre son suzerain aurait fourni au roi
d'Écosse des arguments irrésistibles. Il céda, croyant ne faire
qu'une concession de forme, mais Philippe le Bel n'en resta
pas moins maître d'Agen et de la Guienne presque tout entière
pendant dix ans; et, s'il les rendit en 1303, ce fut pour s'as-
surer qu'Édouard n'interviendrait pas dans la lutte qu'il enga-
geait contre le pape Boniface VIII.

Pendant la guerre de Cent ans, l'Agenais servit souvent de
champ de bataille aux Anglais et aux Français. Malheureusement, le roi Jean, fait prisonnier à la bataille de Poitiers (1356),
céda la souveraineté de l'Agenais à Édouard III, par le traité
de Londres, et le dauphin Charles (qui fut plus tard Charles V),
alors régent du royaume de France, renouvela, l'année suivante, cette cession dans le traité de Brétigny (1360). Mais la
guerre se ralluma bientôt; en 1370, Du Guesclin planta de
nouveau l'étendard de la France sur les murs d'Agen. Pendant

tout le règne de Charles VI, les hostilités se continuèrent avec des alternatives de succès de part et d'autre. Agen fut définitivement repris par les Français, en 1439, et, depuis ce temps, il n'a cessé d'appartenir à la France.

L'Agenais se ressentit vivement des luttes qui ensanglantèrent la France pendant les fatales guerres de religion. Marguerite d'Angoulême, reine de Navarre, avait accueilli à Nérac un certain nombre de protestants et de libres penseurs, parmi lesquels le poète Clément Marot. Les doctrines de la Réforme, basées sur le libre examen, se propageant dans l'Agenais, y firent de nombreux prosélytes et occasionnèrent des troubles assez graves. Les catholiques répondirent à ces novateurs en les brûlant sur des bûchers. Le prédicateur Jérôme Vindocin fut brûlé vif à Agen, sur les bords de la Garonne, et le médecin-philologue Scaliger, témoin oculaire, raconte que près de trois cents victimes payèrent de leur vie l'indépendance de leurs idées. Le capitaine Blaise de Monluc, lieutenant du roi en Guienne, catholique farouche, essaya en vain d'arrêter par ses cruautés le flot montant du protestantisme. Le 13 avril 1562, un capitaine huguenot, nommé Truelle, s'était emparé d'Agen ; Monluc vint sous les murs de la ville avec des forces considérables et la reprit.

En 1572, Charles IX maria sa sœur Marguerite au jeune roi de Navarre (qui fut plus tard Henri IV), et lui donna pour dot l'Agenais et le Quercy. Mais Henri, que le roi retint prisonnier après la Saint-Barthélemy (24 août 1572), n'entra dans Agen que quatre ans plus tard, par la force. Les Agenais, mécontents de sa conduite, profitèrent d'une de ses absences pour ouvrir leurs portes au maréchal de Biron (1578), qui tenait pour les catholiques.

Le 28 février 1575, Henri de Navarre et Henri III, roi de France, signèrent à Nérac un traité qui reconnaissait et confirmait tous les privilèges précédemment accordés aux protestants. Mais quatorze mois après, les hostilités recommençaient. Nérac devint alors le quartier général d'Henri de Navarre ; de là, il tentait à l'improviste contre les forteresses catholiques

Ruines du château d'Henri IV, à Nérac.

de l'Armagnac, de la Guienne et de la Gascogne, des coups de
main menés avec une promptitude, une audace et une fortune
merveilleuses. L'ennemi battu, le roi de Navarre revenait en
toute hâte à Nérac. En 1584, Marguerite, femme d'Henri de
Navarre, s'établit à Agen, qu'elle essaya de soulever en faveur
de la Ligue ; mais les habitants la forcèrent à prendre la fuite.
Agen ne fit sa soumission à la couronne qu'après l'entrée
d'Henri IV dans Paris.

Sous le règne de Louis XIII, l'Agenais continuant à être
un foyer de protestantisme, le roi vint en personne assiéger
Tonneins (1614). Le pays s'étant de nouveau révolté en 1621,
le roi revint à la tête d'une armée, et fit démanteler la plupart des places fortes, notamment Nérac, qui perdit toute importance politique et même la chambre dite *de l'Édit*, établie
par Henri IV pour juger les différends entre catholiques et protestants.

Pendant les troubles de la Fronde, le prince de Condé,
maître de Bordeaux, voulut s'emparer d'Agen. Il entra dans
la ville à cheval et en armes, avec six cents gentilshommes ;
mais les bourgeois barricadèrent leurs rues et parvinrent à
le repousser. Ce fut la dernière bataille qui ensanglanta les
rues d'Agen. Aucun fait important n'a plus, depuis cette
époque, appelé sur l'Agenais l'attention de l'histoire.

VII. — Personnages célèbres.

Quatrième siècle. — SULPICE SÉVÈRE (SULPICIUS SEVERUS),
écrivain et historien ecclésiastique, né en Aquitaine (à Lauzun), en 363, mort en 410.

Quinzième siècle. — XAINTRAILLES OU SAINTRAILLES (POTON
DE), né à la fin du XIVᵉ siècle, dans le château de Xaintrailles
(com. du même nom), mort à Bordeaux le 7 octobre 1461.
Partisan du dauphin Charles VII, il fut avec La Hire un des
plus vaillants compagnons de Jeanne d'Arc et il prit une part
glorieuse à toutes les guerres contre les Anglais.

Seizième siècle. — BERNARD PALISSY, né à Lacapelle-Biron, vers 1510. Illustre physicien, chimiste, émailleur,

il parvint, à force de recherches et après des misères sans nombre, à découvrir le secret de la fabrication des émaux, que l'Italie possédait seule à cette époque. Après une vie consacrée tout entière à la science et à l'art, cet admirable génie, pour toute récompense, fut jeté à la Bastille (1588), où il mourut deux ans après : il était huguenot ! — JOSEPH SCALIGER, célèbre philologue et poète latin, né à Agen, le 4 août 1540, mort à Leyde, où il professait, le 21 janvier 1609.

Dix-septième siècle. — PIERRE DUPUY, né à Agen, le 27 novembre 1582, mort le 14 décembre 1651 ; il a laissé un grand nombre d'ouvrages historiques pleins d'érudition. — THÉOPHILE DE VIAU, né à Clairac, en 1590, mort à Paris, le 25 septembre 1626. Poète satirique et licencieux, d'une humeur très caustique, il fut exilé plusieurs fois et même condamné par contumace à être brûlé vif (19 août 1623) ; il obtint cependant de revenir à Paris. — SYLVAIN RÉGIS, philosophe cartésien, né en 1632, à la Sauvetat-de-Blanquefort, mort à Paris, le 11 janvier 1707. On lui doit quelques traités de philosophie assez estimés.

Dix-huitième siècle. — PIERRE PAGANEL, homme politique et littérateur, né à Villeneuve-sur-Lot, le 31 juillet 1745, mort en exil à Liège, le 20 novembre 1826. D'abord curé de Noaillac, il fut député à la Législative (1789), puis à la Convention, où il vota la mort du roi. Il remplit diverses fonctions sous l'Empire, et fut exilé en 1816. — SAINT-AMANS (JEAN-FLORIMOND BOUDON DE), archéologue, historien et naturaliste, né le 24 juin 1748, à Agen, où il est mort, le 28 octobre 1841. Il a publié sur le département plusieurs ouvrages estimés. — LACUÉE (GÉRARD-JEAN, comte DE CESSAC), général et homme politique, né à Lamassas, le 4 novembre 1752, mort à Paris, le 14 juin 1841. Élu à l'Assemblée législative (1791), il fit successivement partie du Conseil des Cinq-Cents ; il fut général de division et ministre de la guerre sous l'Empire. — LACÉPÈDE (BERNARD-GERMAIN DE LA VILLE, comte DE), célèbre naturaliste, né à Agen, le 26 décembre 1756, mort à Épinay (Seine), le 6 octobre 1825. Élu à l'Assemblée législative en

1791, il occupa de hautes fonctions sous l'Empire et sous la Restauration. Ses ouvrages sur les reptiles et sur les poissons ont fait époque dans la science. — MADAME COTTIN (MARIE-SOPHIE, née RISTEAU), célèbre romancière, née à Tonneins, vers 1770, morte à Paris, le 25 août 1807.

Dix-neuvième siècle.—BORY DE SAINT-VINCENT (JEAN-BAPTISTE), naturaliste voyageur, né à Agen en 1780, mort à Paris le 23 novembre 1846. Il prit part aux campagnes de l'Empire, fut élu député de Lot-et-Garonne pendant les Cent-Jours, exilé par la Restauration, et ne rentra en France qu'en 1820. Il a publié quelques bons ouvrages d'histoire naturelle. — JACQUES JASMIN, poète languedocien, né en 1798, à Agen, où il est mort le 4 octobre 1864; il a écrit un grand nombre de poésies très estimées, dans une langue harmonieuse et vive, où le charme du sentiment rivalise avec la verve caustique. Quelques-unes ont été traduites en langues étrangères.

VIII. — Population, langue, culte, instruction publique.

La *population* de Lot-et-Garonne s'élève, d'après le recensement de 1876, à 316,920 habitants. A ce point de vue, c'est le cinquante-sixième département de France. Le chiffre des habitants divisé par celui des hectares donne 59,19 habitants par kilomètre carré: c'est ce qu'on nomme la *population spécifique*. La France entière ayant 68 à 69 habitants par kilomètre carré, il en résulte que le département de Lot-et-Garonne renferme, à surface égale, 9 à 10 habitants de moins que l'ensemble de notre pays.

Depuis 1801, date du premier recensement officiel, Lot-et-Garonne a perdu 7,020 habitants.

La *langue* le plus universellement parlée, parmi la population ouvrière des villes aussi bien que dans les campagnes, est un patois présentant de nombreuses analogies avec le gascon parlé dans la Gironde et le Gers, avec le dialecte du Quercy, parlé dans le Lot, surtout avec le toulousain, parlé dans Tarn-et-Garonne et dans les environs de Toulouse. Les poésies de Jasmin, le poète perruquier d'Agen, écrites dans le patois agenais, ont beaucoup de grâce et d'élégance.

La grande majorité des habitants de Lot-et-Garonne est catholique. Il y a cependant un nombre assez considérable de protestants (11,000) : ceux-ci ont des consistoires à Castelmoron, à Clairac, à Laffitte, à Nérac et à Tonneins.

Le nombre des *naissances*, dans le département, a été, en 1875, de 5,900 ; celui des *décès*, de 7,120 ; celui des *mariages* de 2,336.

La *vie moyenne* est de 45 ans 8 mois.

Le *lycée* d'Agen a compté, dans l'année scolaire 1876-77, 507 élèves ; les 3 *collèges communaux* (Marmande, Villeneuve et Mézin), 318 ; les *institutions secondaires libres* (5 laïques, 4 ecclésiastiques), 419 ; les *écoles primaires*, 33,251 ; les *salles d'asile*, 5,150.

Sur 2,768 conscrits de la classe 1875, on a compté :

Ne sachant ni lire ni écrire.	365
Sachant lire seulement..	70
Sachant lire, écrire et compter.	2,168
Dont on n'a' pu vérifier l'instruction..	162
Bacheliers	5

Sur 53 accusés de crimes, en 1876, on a compté :

Accusés ne sachant ni lire ni écrire..	30
— sachant lire et écrire.	22
— ayant reçu une instruction supérieure .	1

IX. — Divisions administratives.

'Le département de Lot-et-Garonne forme le diocèse d'Agen (suffragant de Bordeaux). — Il ressortit aux 1re, 2e et 5e subdivisions de la 17e région militaire (Toulouse) ; — à la Cour d'appel d'Agen ; — à l'Académie de Bordeaux ; — à la 25e légion de gendarmerie (Agen) ; — à la 15e inspection des ponts-et-chaussées ; — à la 29e conservation des forêts (Bordeaux) ; — à l'arrondissement minéralogique de Bordeaux (division du sud-ouest). — Il comprend 4 arrondissements (Agen, Marmande, Nérac, Villeneuve), 35 cantons, 325 communes.

Chef-lieu du département : AGEN.

Chefs-lieux d'arrondissement : AGEN, MARMANDE, NÉRAC, VILLENEUVE-SUR-LOT.

Arrondissement d'Agen (9 cant.; 72 com.; 99470 hect.; 76926 hab.).

1er *canton d'Agen* (5 com.; 7858 hect.; 12298 hab.) — Agen (1er canton) — Foulayronnes — Passage (Le) — Saint-Cirq — Saint-Hilaire.

2e *canton d'Agen* (5 com.; 7626 hect.; 16383 hab.) — Agen (2e canton) — Bajamont — Boé — Bon-Encontre — Pont-du-Casse.

Canton d'Astaffort (8 com.; 12113 hect.; 8840 hab.) — Astaffort — Caudecoste — Cuq — Fals — Layrac — Saint-Nicolas-de-la Balerme - Saint-Sixte — Sauveterre.

Canton de Beauville (8 com.; 13083 hect.; 5366 h.) — Beauville — Blaymont — Cauzac — Engayrac — Gandaille — Saint-Martin — Saint-Maurin — Tayrac.

Canton de Laplume (9 com.; 12147 hect.; 5792 h.) — Aubiac — Brax — Estillac — Laplume — Marmont-Pachas — Moirax — Roquefort — Sainte-Colombe — Sérignac.

Canton de Laroque-Timbaut (8 com.; 9475 hect.; 4215 h.) — Cassignas — Castella — Croix-Blanche (La) — Laroque-Timbaut — Monbalen — Saint-Robert — Sauvagnas — Sauvelat-de-Savères (La).

Canton de Port-Sainte-Marie (11 com.; 13550 hect.; 11243 h.) — Aiguillon — Bazens — Bourran — Clermont-Dessous — Frégimont — Galapian — Lagarrigue — Lusignan-Grand — Nicole — Port-Sainte-Marie — Saint-Salvy.

Canton de Prayssas (9 com.; 12698 hect.; 6965 h.) — Cours — Granges — Lacépède — Laugnac — Lusignan-Petit — Madaillan — Montpezat — Prayssas — Saint-Sardos.

Canton de Puymirol (10 com.; 11000 hect.; 5824 h.) — Castelculier — Clermont-Dessus — Grayssas — Lafox — Puymirol — Saint-Caprais-de-Lherm — Saint-Jean-de-Thurac — Saint-Pierre-de-Clairac — Saint-Romain — Saint-Urcisse.

Arrondissement de Marmande (9 cant.; 101 com.; 131101 hect.; 93805 h.).

Canton de Bouglon (9 com.; 12863 hect.; 5265 h.) — Antagnac - Argenton — Bouglon — Grézet-Cavagnan — Guérin — Labastide — Poussignac — Romestaing — Ruffiac.

Canton de Castelmoron (8 com.; 13907 hect.; 6519 h.) — Brugnac — Castelmoron — Coulx — Grateloup — Labretonie — Laparade — Saint-Gayrand — Verteuil.

Canton de Duras (15 com.; 17479 hect.; 9458 h.) — Auriac — Baleyssagues — Duras — Esclottes — Loubès-Bernac — Moustier — Pardaillan — Saint-Astier — Sainte-Colombe-de-Duras — Saint-Jean-de-Duras — Saint-Sernin — Sauvetat-du-Drot (La) — Savignac — Soumensac Villeneuve-de-Duras.

Canton de Lauzun (17 com.; 17383 hect.; 11465 h.) — Agnac — Allemans — Armillac — Bourgougnague — Laperche — Lauzun — Lavergne — Miramont — Montignac-de-Lauzun — Peyrière — Puysserampion — Roumagne — Saint-Colomb — Saint-Nazaire —Saint-Pardoux-Isaac — Ségalas — Sérignac.

Canton de Marmande (14 com.; 17394 hect., 19250 h.) — Agmé — Beaupuy — Birac — Fauguerolles — Gontaud — Hautesvignes — Longueville — Marmande — Sainte-Bazeille — Saint-Pardoux-du-Breuil — Saint-Pierre-de-Nogaret — Sénestis — Taillebourg — Virazeil.

Canton du Mas-d'Agenais (8 com.; 11933 hect.; 7837 h.) — Calonges — Caumont — Fourques — Lagruère — Mas-d'Agenais (Le) — Sainte-Marthe — Samazan — Villeton.

Canton de Meilhan (8 com.; 10688 hect.; 7904 h.) — Cocumont — Couthures — Gaujac — Jusix — Marcellus — Meilhan — Montpouillan — Saint-Sauveur-de-Meilhan.

Canton de Seyches (17 com.; 18404 hect.; 11017 h.) — Cambes — Castelnaud — Caubon-Saint-Sauveur — Escassefort — Lachapelle — Lagupie — Lévignac — Mauvezin — Monteton — Montignac-Toupinerie — Puymiclan — Saint-Avit — Saint-Barthélemy — Saint-Géraud — Saint-Martin-Petit — Saint-Pierre-de-Lévignac — Seyches.

Canton de Tonneins (5 com.; 11050 hect.; 15092 h.) — Clairac — Fauillet — Laffitte — Tonneins — Varès.

Arrondissement de Nérac (7 cant.; 62 com.; 132128 hect.; 59202 h.).

Canton de Casteljaloux (7 com.; 16649 hect.; 7075 h.) — Anzex — Beauziac — Casteljaloux — Leyritz-Moncassin — Réunion (La) — Saint-Martin-Curton — Villefranche-du-Queyran.

Canton de Damazan (11 com.; 17164 hect.; 8652 h.) — Ambrus — Buzet — Caubeyres — Damazan — Fargues — Monheurt — Puch — Razimet — Saint-Léger — Saint-Léon — Saint-Pierre-de-Buzet.

Canton de Francescas (7 com.; 13747 hect.; 5914 h.) — Fieux — Francescas — Lamontjoie — Lasserre — Moncrabeau — Nomdieu — Saint-Vincent-de-Lamontjoie.

Canton de Houeillès (7 com.; 27829 hect.; 4224 h.) — Allons — Boussès — Durance — Houeillès — Pindères — Pompogne — Sauméjan.

Canton de Lavardac (11 com.; 17475 hect.; 11932 h.) — Barbaste — Bruch — Feugarolles — Lavardac — Mongaillard — Montesquieu — Pompiey — Saint-Laurent — Thouars — Vianne — Xaintrailles.

Canton de Mézin (11 com.; 25630 hect.; 9485 h.) — Gueyze — Lannes — Lisse — Meylan — Mézin — Poudenas — Réaup — Sainte-Maure-de-Peyriac — Saint-Pé-St-Simon — Sos — Villeneuve-de-Mézin.

Canton de Nérac (8 com.; 16036 hect.; 11919 h.) — Andiran — Calignac — Espiens — Fréchou — Moncaut — Montagnac — Nérac — Saumont.

Arrondissement de Villeneuve-sur-Lot (10 cant.; 90 com.; 151009 hect.; 86987 h.).

Canton de Cancon (10 com.; 16040 hect.; 8310 h.) — Beaugas — Boudy — Cancon — Casseneuil — Castelnaud — Monbahus — Monviel — Moulinet — Pailloles — Saint-Maurice.

Canton de Castillonnès (9 com.; 10132 hect.; 6216 h.) — Cahuzac — Castillonnès — Cavare — Douzains — Ferrensac — Lalandusse — Lougratte — Montauriol — Saint-Quentin.

Canton de Fumel (7 com.; 15319 hect.; 10154 h.) — Blanquefort — Condezaygues — Cuzorn — Fumel — Monsempron — Saint-Front — Sauveterre.

Canton de Monclar (10 com.; 13634 hect.; 7270 h.) — Caubel — Fongrave — Hauterive — Monclar — Montastruc — aint-Étienne-de-Fougère — Saint-Pastour. — Tombebœuf — Tourtrès — Villebramar.

Canton de Monflanquin (12 com.; 22619 hect.; 10174 h.) — Gavaudun — Lacapelle-Biron — Lacaussade — Laussou — Monflanquin — Monségur — Montagnac-sur-Lède — Paulhiac — Saint-Auoin — Salles — Sauvetat-sur-Lède (La) — Savignac.

Canton de Penne (10 com.; 26531 hect.; 8092 h.) — Auradou — Dausse — Frespech — Hautefage — Massels — Massoulès — Penne — Saint-Sylvestre — Trémons — Trentels.

Canton de Sainte-Livrade (4 com.; 8299 hect.; 5099 h.) — Allez-et-Cazeneuve — Dolmayrac — Sainte-Livrade — Temple (Le).

Canton de Tournon-d'Agenais (9 com.; 4025 hect.; 6420 h.) — Anthé — Bourlens — Cazideroque — Courbiac — Masquières — Montayral — Saint-Vite — Thézac — Tournon-d'Agenais.

Canton de Villeneuve-sur-Lot (6 com.; 17154 hect.; 17546 h.) — Lédat — Pujols — Saint-Antoine — Sainte-Colombe-de-Villeneuve — Sembas — Villeneuve-sur-Lot.

Canton de Villeréal (13 com.; 16356 hect.; 7700 h.) — Bournel — Dévillac — Doudrac — Montaut — Naresse — Parranquet — Rayet — Rives — Saint-Étienne-de-Villeréal — Saint-Eutrope-de-Born — Saint-Martin-de-Villeréal — Tourliac — Villeréal.

X. — Agriculture.

Sur les 535,396 hectares du département, on compte :

Terres labourables.	301,371 hectares.
Prairies naturelles et vergers . . .	34,500
Pâturages et pacages.	3,500
Bois et forêts.	70,035
Vignes.	85,091
Terres incultes	23,228

Le reste du territoire se partage entre les cours d'eau, les emplacements de villes, de bourgs, de villages, de fermes, les surfaces prises par les routes, les chemins de fer, les cimetières, etc.

On compte dans le département : 13,400 chevaux; 600 mulets; 2,240 ânes; 44,560 bœufs et taureaux; 90,850 vaches et génisses;

24,270 veaux ; 140,820 porcs ; 1780 chèvres ; 64,920 moutons de race du pays et 5,860 de races perfectionnées : ils ont produit, en 1875, 130,000 kilogrammes de laine, d'une valeur de 250,000 francs et 128,500 kilogrammes de suif, d'une valeur de 101,515 francs.

— Le petit nombre relatif des moutons et des chèvres tient à la rareté des pâturages et à la grande division de la propriété dans le département. — La volaille (poulets, canards, oies, dindons, pintades) est assez abondante dans les basses-cours. — En 1875, 6,190 *ruches* ont produit 59,950 kilogrammes de miel et 6,190 de cire.

La *sériciculture* est absolument négligée dans le département ; en 1875, 9 onces de graines seulement ont été mises en éclosion et ont donné 252 kilogrammes de cocons.

Les *vignes* du département se trouvent le plus communément sur les coteaux des vallées du Lot et de la Garonne. En 1875, la récolte a été de 637,000 hectolitres de vin ; rouges ou blancs, la plupart de ces vins sont de qualité ordinaire. Mais il y a deux vins blancs, le *Clairac* et le *Buzet*, qui sont de qualité supérieure. Le premier de ces crus est en partie affecté à la fabrication des *vins pourris*, vins liquoreux obtenus au moyen de raisins parvenus à une extrême maturité. Le vin blanc de Clairac a un bouquet très fin, et ses qualités s'accentuent à mesure qu'il vieillit. A quelques kilomètres autour de Clairac sont récoltés des vins blancs doux, assez agréables ; le plus estimé est celui de Pujols. Le vin de Buzet, analogue au vin de Clairac, se fabrique à Buzet, Saint-Léon, Damazan, Vianne et Montgaillard ; il s'expédie surtout à Bordeaux.

Les *céréales* sont pour le département une source de revenus importants. En 1875, on a récolté : 1,421,400 hectolitres de froment ; 6,300 de méteil ; 128,700 de seigle ; 127,800 d'orge, 421,400 de maïs et millet ; 81,600 d'avoine ; 2,414 de sarrasin.

Dans la même année, on a récolté 1,015,000 hectolitres de pommes de terre et 135,000 de *légumes secs* (haricots, pois, fèves, etc.). — La culture de la *betterave* a donné un produit de 926,000 hectolitres de racines ; comme il n'y a pas de sucrerie dans le département, les racines servent à la consommation des habitants et à la nourriture du bétail.

Une culture spéciale du département est celle du *tabac*. En 1877, 3,140 hectares ont été affectés à cette culture ; le produit de la récolte a été de 2,648,439 kilogrammes de tabac, d'une valeur de 2,169,669 francs ; la manufacture de tabacs de Tonneins est alimentée en grande partie par le tabac du département.

En 1875, la production du *chanvre* a été de 59,720 quintaux ; celle du *lin*, de 10,400 quintaux.

Il n'y a pas d'oliviers dans Lot-et-Garonne ; en revanche, on y récolte de l'*huile de lin* (37,400 kilogrammes) et de l'*huile de colza* (1,687,500 kilogrammes).

La *culture maraîchère* prospère dans les jardins de la vallée de la Garonne, et surtout autour des villes.

Lot-et-Garonne a beaucoup d'*arbres fruitiers :* le pêcher, l'abricotier, le figuier, le poirier, l'amandier, le pommier sont très communs ; mais l'arbre typique du département c'est le **prunier**, produisant les légendaires *pruneaux d'Agen*. On les récolte surtout dans les arrondissements de Villeneuve et de Marmande, et particulièrement dans les communes de Clairac, du Temple, de Castelmoron, de Monclar, de Sainte-Livrade et de Monbahus, sur le prunier dit *prunier d'ente*. On aperçoit sur les coteaux et en plaine, tout le long des vallées du Lot et de la Garonne, surtout au milieu des vignes, ces arbres plantés en lignes régulièrement espacées de 12 à 15 mètres, et taillés en forme de gobelet évasé. La seule ville de Villeneuve-sur-Lot fait un commerce de pruneaux qui s'élève annuellement à plus de 3 millions de francs. — Les coteaux de Nicole produisent une grande quantité d'*abricots*, expédiés dans le nord de la France et en Angleterre.

Le *châtaignier* est assez rare dans Lot-et-Garonne, sauf dans le canton de Fumel ; le *noyer* se rencontre plus fréquemment dans le haut des vallées.

Les **forêts** occupent une étendue de 73,953 hectares, appartenant presque entièrement à des particuliers. Elle sont surtout comprises dans la région landaise du département ; les essences les plus communes sont les arbres résineux et les chênes-liége, dont l'écorce est une source de revenus considérables.

XI. — Industrie.

Au point de vue des richesses minéralogiques, le département de Lot-et-Garonne est peu favorisé. Il n'y a pas de combustibles minéraux (houille, anthracite, lignite ou tourbe) ; on n'y rencontre qu'une seule source minérale, celle de Casteljaloux ; en outre, les gisements de métaux ou de marbres y sont peu abondants.

Quoique le département n'ait pas de gisements de fer, l'industrie métallurgique y est assez développée. Il y a des *forges* à Cuzorn, Monsempron, Sauveterre et Gavaudun ; des *hauts-fourneaux* et *fonderies* importantes à Fumel (ces établissements fournissent des fers à la marine, à l'artillerie et aux chemins de fer) ; il y a une *fonderie de poids et mesures* à Tonneins. — Les autres industries métallurgiques du département consistent en *deux fabriques de grosse chaudronnerie et chaudières à vapeur*, établies à Agen ; il y a des *constructeurs-mécaniciens* à Agen, Marmande, Aiguillon et Villeneuve-sur-Lot.

On trouve des *carrières de pierre* à Mauvezin et des carrières de *marbre nankin et jaune rosé*, à Thézac. — De nombreux gisements de sulfate de chaux entretiennent des *fabriques de plâtre* à Agen, Tonneins, Mézin, Sainte-Livrade, Castillonnès, Saint-Pé-Saint-Simon et Villeréal ; il y a des *fabriques de chaux* à Puymirol, Casteljaloux, Villeneuve-sur-Lot et Xaintrailles ; des *fabriques de ciment hydraulique* à Grèze, Libos, Sauveterre, Trentels et Condat.

Les *sources minérales* du département se réduisent à la source de Casteljaloux (ferrugineuse), exploitée dans deux établissements, et à celle de Gnarou (près de Lasserre), dont l'eau a des propriétés analogues à celles des eaux d'Aulus et de Capvern.

Mais si Lot-et-Garonne est peu riche en ressources minéralogiques, les matières premières fournies par l'agriculture y entretiennent une grande variété de petites industries qui donnent naissance à un commerce très développé. Nous mentionnerons, parmi les principales industries : des fabriques de *balais de sorgho*, à Agen ; un chantier pour la *construction des bateaux*, au Passage-d'Agen ; une fabrique de *billards*, à Clairac ; des fabriques de *bouchons et objets en liége*, à Agen, Nérac, Lavardac, Barbaste, Pont-de-Bordes, Xaintrailles, Saint-Pé-Saint-Simon et Mézin (celles-ci très importantes) ; des fabriques de *boutons de nacre*, à Villeneuve-sur-Lot et à Meilhan ; 3 *brasseries* à Agen, à Nérac, à Marmande, une à Tonneins, une à Villeneuve-sur-Lot, deux à Nérac, dont l'une, appartenant à M. Laubenheimer, est une des principales usines de la France ; des *briqueteries* et *tuileries*, à Agen, Layrac, Sainte-Livrade. Puymirol, Monclar, Labastide, Duras, Poussignac, Ruffiac, Castelmoron, Lauzun, Bouglon, Argenton, Mézin, Villeneuve-sur-Lot ; des *poteries*, à Aiguillon, Mauvezin, Saint-Barthélemy, Fumel, Puymiclan, et au Mas-d'Agenais ; une fabrique de tuyaux de drainage, à Pompogne ; des fabriques de *chandelles*, *bougies et cierges*, à Agen, Marmande, Casteljaloux et Villeneuve-sur-Lot ; des *chapelleries de paille* ou *de feutre*, à Clairac, Mézin et Villeneuve-sur-Lot ; une fabrique de *chaussures*, à Villeneuve-sur-Lot ; des fabriques de *comestibles* (pâtés de foie gras, pâtés de canard aux truffes, de gibier, cèpes, truffes, conserves), à Agen, Nérac, Castelmoron, Villeneuve-sur-Lot et Lauzun ; des *confiseries*, à Agen, Marmande, Tonneins, Villeneuve-sur-Lot, Castillonnès ; des *corderies* à Agen, Saint-Hilaire, Marmande et Tonneins ; des *distilleries et fabriques d'eau-de-vie,* dans un grand nombre de localités, notamment à Agen, Aiguillon, Nérac, Sainte-Bazeille, Seyches, Tonneins, Villeneuve-sur-Lot; des fabriques de *draps,* à Casseneuil; des *filatures de laine,* à Agen, Libos, Villeréal, Tonneins et Mézin; des fabriques de *droguet de laine,* à Nérac, Mézin et Saint-Pé-Saint-Simon; des fabriques de *toiles cotonnades,* à Port-Sainte-Marie; il y a des *usines à gaz* à Agen, Marmande, Tonneins, Nérac et Villeneuve-sur-Lot.

La préparation des *fruits secs* et notamment des *pruneaux* occupe une bonne partie de la population; les localités où cette industrie est le plus active sont : Agen, Villeneuve-sur-Lot, Marmande, Port-Sainte-Marie, la Sauvetat-de-Savères, Clermont-Dessous (préparation des chasselas), Seyches, Sainte-Livrade, Saint-Barthélemy, Castillonnès, Saint-Pastour, Lauzun, Miramont, Castelmoron, Clairac, Laffitte, etc. Il y a cinq *imprimeries* à Agen, deux à Villeneuve et deux à Nérac; Villeneuve-sur-Lot, Agen et Aiguillon ont des fabriques *d'instruments* et *machines agricoles;* il y a cinq fabriques de *liqueurs* à Nérac; des moulins et des minoteries sont établis sur la plupart des cours d'eau : on en trouve à Agen, Astaffort, Bazens, Saint-Salvy, Prayssas, Montagnac, Penne, Puymirol, Saint-Pierre-de-Clairac, Argenton, Labastide, Grézet-Cavagnan, la Sauvetat-du-Dropt, Couthures-sur-Garonne, Gaujac, Villefranche-du-Queyran, Buzet, Mézin, Castelmoron, Duras, Puymiclan, Clairac, Nérac, Lavardac, Vianne, Réaup, Cassenueil, Montpouillan, Pont-de-Bordes et Villeneuve-sur-Lot où se trouve l'important moulin de Gajac; il y a des moulins pour *l'huile de lin et de colza,* à Pont-du-Casse, Marmande, Sainte-Bazeille et Cocumont; 13 *papeteries* dans l'arrondissement de Villeneuve (5 seulement ont quelque importance : une produit du papier blanc à la mécanique, les 4 autres du papier d'emballage); une *parfumerie,* à Villeneuve-sur-Lot; des *fabriques de peignes à tisser,* à Villeneuve-sur-Lot et à Bourlens; de nombreuses fabriques de *produits résineux,* à Casteljaloux; des fabriques de *sabots,* à Agen, Port-Sainte-Marie, Prayssas, Tonneins, Puymirol, Marmande, Castelmoron, Clairac, Monclar, Miramont, Saint-Barthélemy, Casteljaloux, Saint-Pé-Saint-Simon; des *scieries mécaniques,* à Agen, Passage-d'Agen, Port-Sainte-Marie, Marmande, Houeillès et Pont-de-Bordes; des *tanneries,* à Agen, Astaffort, Nérac, Granges, Sainte-Bazeille, Casteljaloux, Villeneuve-sur-Lot, Sauveterre; des *teintureries,* à Agen, Villeneuve, Port-Sainte-Marie, Casteljaloux, Nérac, Villeréal, Saint-Pé-Saint-Simon, Cassenueil, Libos, Villeneuve.

Citons enfin l'importante *manufacture de tabacs* de Tonneins, qui, sous la direction d'ingénieurs sortis de l'École polytechnique, fournit aux consommateurs une masse considérable de cigares et de tabac à fumer.

XII. — Commerce, chemins de fer, routes.

Lot-et-Garonne *exporte :* des vins, des fruits secs, et surtout des pruneaux, des céréales, des farines épurées, des légumes secs, du liége

Moulin de Gajac, à Villeneuve-sur-Lot.

brut ou travaillé, des tabacs, de la céramique, des volailles, et généralement tous les produits de son industrie agricole et manufacturière.

Il *importe :* de la viande de boucherie, de l'huile d'olive, des produits des colonies françaises et étrangères, venus du grand marché de Bordeaux, des fontes et tous les métaux en général, tous les objets servant à l'habillement et à la toilette. — La consommation annuelle de combustibles minéraux est d'environ 200,000 quintaux métriques par an, provenant par parts à peu près égales d'Aubin, de Carmaux et d'Angleterre.

Lot-et-Garonne est traversé par six lignes de chemins de fer ayant un développement total de 219 kilomètres :

1° La ligne *de Bordeaux à Cette* traverse le département du nord-ouest au sud-est, en suivant la vallée de la Garonne. Il entre dans le département, au nord, à la station de Sainte-Bazeille, située près de la limite de la Gironde, et dessert Marmande, Fauguerolles, Tonneins, Nicole, Aiguillon, Port-Sainte-Marie, Fourtic, Saint-Hilaire, Colayrac, Agen, Bon-Encontre, Sauveterre, Saint-Nicolas-de-la-Balerme. A 2 kilomètres au delà de cette station, il entre dans Tarn-et-Garonne, après un parcours de 85 kilomètres dans Lot-et-Garonne.

2° La ligne *de Port-Sainte-Marie à Condom* dessert Feugarolles, Vianne, Lavardac, Nérac, Lasserre et Moncrabeau. Sur 40 kilomètres de longueur totale, elle en a 34 dans le département.

3° La ligne *d'Agen à Périgueux* se détache, à Agen, de la ligne précédente; sa direction est du sud-ouest au nord-est; elle traverse une contrée montagneuse et passe dans un grand nombre de tunnels. Partant d'Agen, elle dessert Pont-du-Casse, Laroque-Timbaut, Penne, Trentels-Ladignac, Monsempron-Libos, Cuzorn et Sauveterre-de-Fumel. A 5 kilomètres au delà de cette station, le chemin de fer entre dans la Dordogne après un parcours de 61 kilomètres dans Lot-et-Garonne.

4° L'embranchement *de Monsempron-Libos à Cahors* dessert Fumel et n'a dans le département que 7 kilomètres à peine sur une longueur totale de 50 kilomètres.

5° La ligne *d'Agen à Tarbes* se détache, au delà de la station de Bon-Encontre, de la ligne de Bordeaux à Cette. Partant d'Agen, elle dessert les stations de Bon-Encontre, Layrac, Astaffort, et entre dans le Gers à 3 kilomètres au delà de cette station. Sa longueur dans Lot-et-Garonne est d'environ 22 kilomètres.

6° L'embranchement *de Penne à Villeneuve-sur-Lot* a 9 kil. de développement.

Les voies de communication comptent 5,267 kil. savoir :

6 chemins de fer		228 kil.
6 routes nationales.		376
20 routes départementales. . . ·		461
57 chemins vicinaux de grande communication.	821	
103 de moyenne communication. . . .	981	4,253
Un grand nombre de chemins de petite communication	2,451	

Il faut ajouter à ces moyens de communication le canal Latéral à la Garonne, le Lot et la Bayse, navigables sur une partie de leur parcours.

XIII. — Dictionnaire des communes.

Agen, 19,503 h., ch.-l. du départ., d'un arrond. et de deux cantons, sur la rive dr. de la Garonne, au confluent de ce fleuve et du ruisseau d'Agen. ⁕⟶ Agen, bâtie au pied d'une colline couverte de villas, a de belles *promenades* (les *boulevards extérieurs*, la *Plate-Forme* et la *place du*

Couvent des Pénitents blancs, à Agen.

Gravier, conquise sur le fleuve ; on y voit la *statue de Jasmin*), trois *ponts* sur la Garonne : 1° le pont de la route de terre, de 11 arches en pierre ; 2° une passerelle d'une seule travée, de 170 mèt. de portée ; 3° le pont-aqueduc du canal Latéral, formé de 23 arches (20 mèt. d'ouverture), en pierre, dont 7 sur le fleuve et 16 sur une prairie souvent inondée ; et plusieurs autres ponts sur le canal et sur la Masse ou ruisseau d'Agen. — L'*église cathédrale de Saint-Caprais* (mon. hist.) offre : une abside du XIᵉ s., avec trois belles chapelles rayonnantes ; un transsept du XIIᵉ s. ; une nef commencée au XIVᵉ s. ;

le reste de l'édifice date des xvi° et xvii° s. Des peintures murales de M. Bézard ornent cette église, qui a été restaurée avec un goût contestable. Une tour carrée a été ajoutée au croisillon S. — Au collège Saint-Caprais, se voit l'ancienne *chapelle de la Collégiale*, édifice roman (curieux chapiteaux et deux tombeaux des premiers temps du christianisme). — *L'église des Jacobins* (xiii° s.), en briques, récemment restaurée, est un rare échantillon des églises à deux nefs égales; elle conserve des traces d'anciennes peintures sur les nervures des voûtes. — La *chapelle Notre-Dame du Bourg* date du xiii° s. — La *crypte des Martyrs* remonte au iv° ou au v° s. (?). — *L'église Saint-Hilaire*, bâtie par les Cordeliers au milieu du xiv° s., possède une charpente élégante et légère; la façade a été reconstruite dans le style gothique; belle tour à flèche.

L'*hospice Saint-Jacques*, édifice de belle apparence, renferme le tombeau de Mascaron, évêque d'Agen; dans la chapelle, on remarque : de belles peintures murales de M. Bézard; un autel en marbre blanc, richement sculpté, enlevé, lors de la Révolution, à l'abbaye des Bénédictins d'Eysses; la chaire, le bénitier, des fonts baptismaux très bien sculptés. — La *préfecture* (ancien évêché), édifice élégant (1773), possède de curieux portraits du xviii° s. et une ancienne gravure, représentant le combat de Saint-Cast. A côté de la préfecture ont été élevés un *palais de Justice* et une *prison*. — Nous mentionnerons, en outre : dans la rue Puits-du-Saumon, une *galerie* à arcades du xiv° s., très élégante ; — au centre de la ville, des *cornières*, ou maisons anciennes à arcades, curieuses à visiter ; — un *musée* déjà remarquable, bien que récemment établi dans un spacieux local comprenant l'ancien hôtel de ville et les anciennes prisons, local formé de trois hôtels ayant appartenu au maréchal d'Estrades, au consul de Vaurs et à la famille de Las-Brimont. On y remarque un élégant escalier de la Renaissance à noyau en spirale. Parmi les pièces particulière-

ment curieuses de la collection archéologique, on remarque une *Hébé*, statue antique en marbre d'un admirable travail, un casque gaulois trouvé dans un puits funéraire sur le plateau qui domine Agen, et trois tablettes de bronze du iv° s. avec inscription en l'honneur de Claudius Cupicinus, qui fut consul romain en 367. — *Halle, théâtre* et *asile de vieillards*, modernes. — Sur le coteau de l'Ermitage, s'élève la jolie *église* moderne (style ogival) *des Carmes* (vue très étendue), près de laquelle est une *chapelle* taillée dans le roc. — Dans le vallon de Vérone se trouvent la *maison* et la *fontaine de Scaliger*, ainsi que la *vigne de Jasmin*, le poète national du Midi, à qui Agen a élevé une *statue* de bronze.

Agmé, 270 h., c. de Marmande. ➤Eglise du xiii° s.

Agnac, 518 h., c. de Lauzun.

Aiguillon, 3,596 h., c. de Port-Sainte-Marie. ➤Mur romain (10 mèt. de haut.), enceinte fortifiée d'un *castrum* formant la terrasse de la maison Merle de Massonneau, et dans l'épaisseur duquel sont pratiqués deux beaux souterrains en plein cintre, qui étaient probablement des silos (greniers). — Château des ducs d'Aiguillon, construit sous Louis XV et servant de magasin à tabac.—*Église* gothique moderne. — A 2 kil., la *Tourrasse*, tour ronde et pleine, tombeau romain ou borne. — Sur le Lot, pont de sept arches et pont tubulaire en tôle (161 mèt. de longueur) du chemin de fer de Bordeaux.

Allemans, 664 h., c. de Lauzun.

Allez-et-Cazeneuve, 461 h., c. de Sainte-Livrade.

Allons, 826 h., c. de Houeillès ➤ Tumulus. — Châteaux d'Allons de Capchicot, de la Tour-Neuve.

Ambrus, 257 h., c. de Damazan.

Andiran, 509 h., c. de Nérac. ➤ Église du xiii° s. — Au confluent de la Gélise et de l'Asse, tour ogivale d'Hordosse.

Antagnac, 377 h., c. de Bouglon ➤ Église en partie du xiv° s.

Anthé, 511 h., c. de Tournon.

Antoine (**Saint-**), 498 h., c. de Villeneuve-sur-Lot.

(Agen : Le pont du canal ; — Une rue à arcades ; — La maison de Jasmin.

Anzex, 589 h., c. de Casteljaloux.

Argenton, 574 h., c. de Bouglon. ⟶ Église du xɪᵉ s.

Armillac, 344 h., c. de Lauzun. ⟶ Église du xɪɪɪᵉ s.

Astaffort, 2,585 h., ch.-l. de c. de l'arrond. d'Agen. ⟶ Belle halle. — Logis à pignon, reste de château.

Astier (Saint-), 458 h., c. de Duras.

Aubiac, 524 h., c. de Laplume. ⟶ Église (mon. hist.) qui est, selon M. J. Quicherat, « l'une des plus curieuses du midi de la France ; elle date des premières années du xɪᵉ s. » La nef, qui n'a pas de bas-côtés, est voûtée en plein cintre. Le sanctuaire est une pièce carrée, ouverte par une arcade étroite et basse sur chacun de ses côtés. L'une de ces arcades établit la communication avec la nef, les trois autres avec autant d'absides qui produisent en plan la figure d'un trèfle. Le carré est couvert d'une coupole singulièrement conçue, car elle a la forme d'une calotte carrée à sa base et qui devient sphéroïdale dans sa montée. Elle porte sur deux axes en croix, établis en porte-à-faux dans le sens de la longueur et de la largeur de l'édifice. Extérieurement, cette tour est enveloppée d'une tour carrée. Il y a une autre tour à l'entrée de la nef.

Aubin (Saint-), 653 h., c. de Monflanquin.

Auradou, 410 h., c. de Penne.

Auriac, 334 h., c. de Duras.

Avit (Saint-), 566 h., c. de Seyches.

Bajamont, 485 h., 2ᵉ c. d'Agen. ⟶ Ruines d'un château du xɪvᵉ s.

Baleyssagues, 426 h., c. de Duras. ⟶ Église ancienne.

Barbaste, 1,920 h., c. de Lavardac. ⟶ Moulins d'Henri IV, usine et tour carrée flanquée de 4 tourelles inégales. Un pont suspendu relie les deux minoteries. — Pont de pierre à arches ogivales.

Barthélemy (Saint-), 1,176 h., c. de Seyches. ⟶ Château moderne de Villiers-les-Maillets.

Bazeille (Saint-), 2,519 h., c. de Marmande. ⟶ Église du xvɪᵉ s.; beau clocher avec flèche en pierre.

Bazens, 600 h., c. de Port-Sainte-Marie. ⟶ Ruines d'un manoir des évêques d'Agen.

Beaugas, 734 h., c. de Cancon.

Beaupuy, 624 h., c. de Marmande.

Beauville, 1,203 h., ch.-l. de c. de l'arrond. d'Agen. ⟶ Ruines de murailles et d'un château. — Église du xɪɪɪᵉ s.

Beauziac, 418 h., c. de Casteljaloux.

Birac, 953 h., c. de Marmande. ⟶ Église du xvᵉ s.

Blanquefort, 1,465 h., c. de Fumel.

Blaymont, 567 h., c. de Beauville.

Boé, 1,101 h., 2ᵉ c. d'Agen.

Bon-Encontre, 1,570 h., 2ᵉ c. d'Agen. ⟶ Jolie église gothique (1859) ; Vierge célèbre, but, au mois de mai, d'un pèlerinage très fréquenté.

Boudy, 310 h., c. de Cancon.

Bouglon, 702 h., ch.-l. de c. de l'arrond. de Marmande. ⟶ Église du xvɪᵉ s.

Bourgougnague, 486 h., c. de Lauzun. ⟶ Église du xɪɪɪᵉ s.

Bourlens, 535 h., c. de Tournon-d'Agenais.

Bournel, 580 h., c. de Villeréal.

Bourran, 954 h., c. de Port-Sainte-Marie.

Boussés, 455 h., c. de Houeillès.

Brax, 410 h., c. de Laplume. ⟶ Appareil romain dans quelques parties des murs de l'église ; clocher à voûte.

Bruch, 986 h., c. de Lavardac. ⟶ Porte de ville du xɪvᵉ s.

Brugnac, 558 h., c. de Castelmoron.

Buzet, 1,646 h., c. de Damazan. ⟶ Magnifique château de M. de Noailles; tour ronde dans le parc. — Ancienne église dont la flèche est très-remarquable.

Cahuzac, 480 h., c. de Castillonnès. ⟶ Église, autrefois chapelle de château; voûte à nervures et rosaces

Calignac, 744 h., c. de Nérac.

Calonges, 890 h., c. du Mas-d'Agenais. ⟶ Ruines d'un château seigneurial.

Cambes, 313 h., c. de Seyches.

Cancon, 1,557 h., ch.-l. de c. de l'arrond. de Villeneuve-sur-Lot.

Caprais-de-Lherm (Saint-), 500 h., c. de Puymirol.

Casseneuil, 1,870 h., c. de Cancon. ➤ Église du XIIe s. (mon. hist.).

Cassignas, 275 h., c. de Laroque-Timbaut. ➤ A Bourdiels, église du XVe s., et restes d'une commanderie.

Castelculier, 736 h., c. de Puymirol. ➤ A Cabalsant, église romane remontant en partie, dit-on, au IXe s.

Casteljaloux, 3,171 h., ch.-l. de c. de l'arrond. de Nérac. ➤ Église du XVIIIe s. — Ruines du château des sires d'Albret et de plusieurs couvents. — Ancienne maison des Xaintrailles (galerie de bustes en pierre). — Hôpital. —Débris des murs, rasés en 1622. —Cachots souterrains de la mairie (ancien couvent des Templiers).

Castella, 572 h., c. de Laroque-Timbaut.

Castelmoron, 2,048 h., ch.-l. de c. de l'arrond. de Marmande. ➤ Ruines d'un ancien château ; tour, reste des vieux murs de la ville. — Belle collection de tableaux et d'objets d'art de Mme Vve Solar.

Castelnaud, 839 h., c. de Cancon.

Castelnaud, 840 h., c. de Seyches.

Castillonnès, 2,055 h., ch.-l. de c. de l'arrond. de Villeneuve-sur-Lot.

Gaubel, 462 h., c. de Monclar.

Gaubeyres, 591 h., c. de Damazan.

Gaubon-Saint-Sauveur, 440 h., c. de Seyches.

Gaudecoste, 1,012 h., c. d'Astaffort. ➤ Dans l'église, carreaux émaillés du XVIe s. — La place du village est entourée d'arcades, en bois de châtaignier, très anciennes.

Gaumont, 835 h., c. du Mas-d'Agenais. ➤ Grottes.

Gauzac, 611 h., c. de Beauville. ➤ Château du moyen âge.

Cavarc, 421 h., c. de Castillonnès.

Cazideroque, 451 h., c. de Tournon-d'Agenais.

Cirq (Saint-), 1,608 h., 1er c. d'Agen. ➤ Abside romane de l'église.

Clairac, 4,156 h., c. de Tonneins.

Clermont-Dessous, 975 h., c. de Port-Sainte-Marie. ➤ Église romane anciennement fortifiée. — Ruines des murs de ville et d'un château-fort.

Clermont-Dessus, 559 h., c. de Puymirol. ➤ Restes d'un château.

Cocumont, 1,675 h., c. de Meilhan. ➤ Église romane ; clocher moderne.

Colomb (Saint-), 875 h., c. de Lauzun. ➤ Église intéressante ; sanctuaire du VIIIe s., nef du XIIe.

Colombe (Sainte-), 1,020 h., c. de Laplume. ➤ Église du XIIIe s. — Murs d'un ancien château.

Colombe-de-Duras (Sainte-), 265 h., c. de Duras.

Colombe-de-Villeneuve (Sainte-), 606 h., c. de Villeneuve-sur-Lot.

Condezaygues, 506 h., c. de Fumel.

Coulx, 680 h., c. de Castelmoron.

Courbiac, 329 h., c. de Tournon-d'Agenais.

Cours, 443 h., c. de Prayssas.

Couthures, 1,156 h., c. de Meilhan.

Croix-Blanche (La), 605 h., c. de Laroque-Timbaut.

Cuq, 553 h., c. d'Astaffort. ➤ Chapelle voûtée du XIIIe s., dans l'église ; beau maître-autel.

Cuzorn, 1,560 h., c. de Fumel. ➤ Château ruiné.

Damazan, 1,827 h., ch.-l. de c. de l'arrond. de Nérac. ➤ Place décorée d'une fontaine. — Vue pittoresque sur le confluent du Lot et de la Garonne. — Ruines d'une tour romaine.

Dausse, 387 h., c. de Penne.

Dévillac, 509 h., c. de Villeréal.

Dolmayrac, 824 h., c. de Sainte-Livrade. ➤ Ruines d'un manoir du XIIIe s. —Église du XVIe s.; beau portail ; colonnes ornées dans le chœur.

Doudrac, 506 h., c. de Villeréal.

Douzains, 527 h., c. de Castillonnès.

Durance, 568 h., c. de Houeillès. ➤ Église ogivale. — Église d'un prieuré de Prémontrés du XIVe s.; belle voûte, peintures. — Tour d'un vieux château.

Duras, 1,681 h., ch.-l. de c. de l'arr. de Marmande. ➤ Château du commencement du XVe s.; fort belle tour (vue splendide) ; puits très profond. — Anciennes fortifications. — A la Fougassière, cimetière mérovingien.

Engayrac, 596 h., c. de Beauville.

Escassefort, 723 h., c. de Seyches.

➨→ Église ogivale (xiiiᵉ s.); portail et fenêtres remarquables.

Esclottes, 370 h., c. de Duras. ➨→ Église du xiiiᵉ s.; sculptures symboliques.

Espiens, 665 h., c. de Nérac. ➨→ Église du xiiiᵉ s. — Ruines et tour d'un château féodal, sur une colline de 198 mèt., dominant toute la contrée.

Estillac, 596 h., c. de Laplume. ➨→ Château du xviᵉ s., restauré par Monluc ; tombeau de Monluc en marbre blanc, avec statue couchée.

Étienne-de-Fougère (Saint-), 496 h., c. de Monclar.

Étienne-de-Villeréal (Saint-), 548 h., c. de Villeréal.

Eutrope-de-Born (Saint-), 1,551 ., c. de Villeréal.

Fals, 507 h., c. d'Astaffort.

Fargues, 761 h., c. de Damazan. ➨→ Église ogivale. — Châteaux de Tessefort et de Saint-Julien.

Fauguerolles, 594 h., c. de Marmande. ➨→ Petit château ; charmante tourelle octogonale.

Fauillet, 911 h., c. de Tonneins.

Ferrensac, 505 h., c. de Castillonnès.

Feugarolles, 1,491 h., c. de Lavardac. ➨→ Ancien château de Limon. — Château moderne de Salles.

Fieux, 630 h., c. de Francescas.

Fongrave, 651 h., c. de Monclar. ➨→ Ancien château. — Dans la chapelle de l'ancienne abbaye des religieuses de Fontevrault, bel autel en bois sculpté du xviiᵉ s.

Foulayronnes, 1,090 h., 1ᵉʳ c. d'Agen. ➨→ Église gothique.

Fourques, 1,036 h., c. du Mas-d'Agenais. ➨→ Église ogivale ; portail ornementé.

Francescas, 1,063 h., ch.-l. de c. de l'arr. de Nérac. ➨→ Mosaïque romaine dans le chœur de l'église. — Restes d'un château qu'habita La Hire.

Fréchou, 550 h., c. de Nérac. ➨→ Église bâtie par les comtes d'Armagnac.

Frégimont, 439 h., c. de Port-Sainte-Marie. ➨→ Ruines d'un château.

Frespech, 435 h., c. de Penne. ➨→ Église à coupole.

Front (Saint-), 944 h., c. de Fumel. ➨→ Vieux castel à tourelles de

Bagel, sur une colline dominant la Lemance. — Vieille église.

Fumel, 3,787 h., ch.-l. de c. de l'arrond. de Villeneuve-sur-Lot. ➨→ Château du xviiᵉ s.

Galapian, 566 h., c. de Port-Sainte-Marie. ➨→ Église gothique.

Gandaille, 569 h., c. de Beauville.

Gaujac, 552 h., c. de Meilhan.

Gavaudun, 855 h., c. de Monflanquin. ➨→ Ruines imposantes d'un château du xiiiᵉ s., ayant appartenu aux Belzunce (mon. hist.). — Ancien couvent et hôpital de Templiers.

Gayrand (Saint-), 555 h., c. de Castelmoron.

Géraud (Saint-), 208 h., c. de Seyches.

Gontaud, 1,400 h., c. de Marmande. ➨→ Église romane. — Maisons de la Renaissance.

Granges, 614 h., c. de Prayssas. ➨→ Église romane, ancienne grange d'une abbaye de Prémontrés.

Grateloup, 550 h., c. de Castelmoron. ➨→ Tumulus.

Grayssas, 295 h., c. de Puymirol.

Grézet-Cavagnan, 543 h., c. de Bouglon.

Guérin, 471 h., c. de Bouglon.

Gueyze, 460 h., c. de Mézin. ➨→ Église romane. — Antique manoir de la Salle-de-Gueyse.

Hautefage, 868 h., c. de Penne. ➨→ Ruines d'un château ; tour carrée très élevée et très intéressante du xviᵉ s. (mon. hist.), servant de clocher.—Église gothique du xviᵉ s. fontaine miraculeuse ; Vierge noire.

Hauterive, 382 h., c. de Monclar.

Hautesvignes, 355 h., c. de Marmande.

Hilaire (Saint-), 819 h., 1ᵉʳ c. d'Agen. ➨→ Vestiges romains dans le cimetière. — Quelques pierres sculptées du xiiᵉ s.

Houeillès, 1,024 h., ch.-l. de c. de l'arrond. de Nérac. ➨→ Église ogivale du xiiiᵉ s. à façade fortifiée portail orné de sculptures.—A l'Archebeau tumulus.

Jean-de-Duras (Saint-), 555 h., c. de Duras. ➨→ Église du xiiiᵉ s.

Tour de Hautefage.

Jean-de-Thurac (Saint-), 401 h., c. de Puymirol.

Jusix, 378 h., c. de Meilhan.

Labastide, 1,105 h., c. de Bouglon. ⟶ Église romane du XIII° s. — Château.

Labretonie, 402 h., c. de Castelmoron.

Lacapelle-Biron, 942 h., c. de Monflanquin.

Lacaussade, 374 h., c. de Monflanquin.

Lacépède, 658 h., c. de Prayssas. ⟶ Église du XVI° s.

achapelle, 236 h., c. de Seyches.

Laffitte, 1,019 h., c. de Tonneins. ⟶ Église romane; sanctuaire et trois chapelles du style ogival.

Lafox, 362 h., c. de Puymirol. ⟶ Château de la Renaissance, sur la Séoune.

Lagarrigue, 505 h., c. de Port-Sainte-Marie.

Lagruère, 749 h., c. du Mas-d'Agenais.

Lagupie, 514 h., c. de Seyches. ⟶ Église du XII° s.

Lalandusse, 471 h., c. de Castillonnès.

Lamontjoie, 874 h., c. de Francescas.

Lannes, 801 h., c. de Mézin. ⟶ Deux tumuli voisins. — Autre tumulus à la Grangerie. — Château de la Grangerie. — Église ancienne de Lannes, souvent restaurée. — Église de Cazeaux : porte romano-byzantine.

Laparade, 888 h., c. de Castelmoron.

Laperche, 406 h., c. de Lauzun.

Laplume, 1,559 h., ch.-l. de c. de arr. d'Agen. ⟶ Église ogivale du XVIII° s.— Château de Couchurles.

Laroque-Timbaut, 1,247 h., ch.-l. de c. de l'arrond. d'Agen. ⟶ Ruines d'un château; tour de l'Horloge. — Restes des remparts. — Chapelle seigneuriale (XV° s.). — Vieille église, devenue chapelle de cimetière. — Chapelle et pèlerinage fréquenté de Saint-Germain.

Lasserre, 292 h., c. de Francescas. ⟶ Villa gallo-romaine de Bapteste. — Beau château du XVII° s.

Laugnac, 704 h., c. de Prayssas. ⟶ Tour en ruine, murs d'enceinte et motte féodale du château des ducs de Brancas.

Laurent (Saint-), 680 h., c. de Lavardac. ⟶ Pont suspendu d'une travée. — Église ogivale du XIII° s. — Jolie promenade.

Laussou, 492 h., c. de Monflanquin. ⟶ Église; portail du XII° s.

Lauzun, 1,324 h., ch.-l. de c. de l'arr. de Marmande. ⟶ Vaste église gothique; belles ogives des fenêtres et des chapelles; clocher (XI° s.). — Château reconstruit au XVI° s.; deux magnifiques cheminées de la Renaissance.—Dans le jardin du château, autel votif en marbre provenant d'un temple dédié aux dieux tutélaires.

Lavardac, 2,663 h., ch.-l. de c. de l'arrond. de Nérac. ⟶ Débris romains. — Restes d'une voie romaine, dite le *Ténarèse*. — Restes d'anciens murs dans l'église; beau tableau du XVIII° s. — Viaduc du Pont-de-Bordes.

Lavergne, 846 h., c. de Lauzun.

Layrac, 2,782 h., c. d'Astaffort. ⟶ Ancien prieuré de Cluny, fondé en 1071. — L'église (mon. hist.), commencée en 1071, et consacrée, dit-on, par le pape Urbain II, en 1096, à son retour du concile de Clermont, est en forme de croix latine. Le chœur est tapissé d'arcatures à l'extérieur. La nef est moderne. La coupole centrale a huit pans. Les voûtes de l'abside, qui est très belle, ont été peintes à fresque au XVIII° s. par Franceschini (Apothéose de saint Benoit). De la terrasse de l'église et du couvent, on jouit d'une vue admirable. — Pont suspendu sur la Garonne. — Pont en pierre sur le Gers.

Lédat, 585 h., c. de Villeneuve-sur-Lot.

Léger (St-), 318 h., c. de Damazan.

Léon (Saint-), 506 h., c. de Damazan.

Lévignac, 1,251 h., c. de Seyches.

Leyritz-Moncassin, 604 h., c. de Casteljaloux. ⟶ Vieux château du Péré. — Beau château moderne.

Lisse, 365 h., c. de Mézin. ⟶ Ancien prieuré de Sainte-Catherine. — Vieux château, dont l'église actuelle était la chapelle.

Livrade (Sainte-), 2,818 h., ch.-l. de c. de l'arrond. de Villeneuve-sur-

Lot. »»→ Voie romaine. — Ruines de deux châteaux. — Château du xv⁰ s.— Église romane du xiii⁰ s.; derrière l'abside, arceaux et chapiteaux sculptés.

Longueville, 311 h., c. de Marmande.

Loubès-Bernac, 921 h., c. de Duras.

Lougratte, 884 h., c. de Castillonnès.

Lusignan-Grand, 340 h., c. de Port-Sainte-Marie. »»→ Église du xiii⁰ s.; nef du xvi⁰ s.

Lusignan-Petit, 375 h., c. de Prayssas. »»→ Église ogivale du xvi⁰ s.

Madaillan, 777 h., c. de Prayssas.

Château de Madaillan.

»»→ Tours en ruine du château de Madaillan (xiii⁰ s.).

Marcellus, 852 h., c. de Meilhan. »»→ Beau château du xviii⁰ s.

Marmande, ch.-l. d'arr., V. de 8,961 h. »»→ La position de Marmande sur un plateau qui descend rapidement vers la rivière est très pittoresque; son

port commode est très fréquenté. — L'*église*, restaurée (mon. hist.), en grande partie du xiv⁰ s., conserve des parties du xiii⁰ et du xv⁰ s.; le sanctuaire a été reconstruit en grande partie, avec son clocher, à la fin du xvii⁰ s.; sa grande rosace, de plus de 7 mètres de diamètre, est d'une magnificence extrême; à l'intérieur, un retable, d'une exécution merveilleuse, représente un épisode de la vie de saint Benoît. Un cloître est adjacent à l'église, que précède une place récemment ouverte; beaux vitraux. — *Pont* suspendu sur la Garonne. — *Promenade* et *boulevards* plantés d'arbres. — Beaux châteaux dans les environs.

Marmont-Pachas, 234 h., c. de Laplume.

Marthe (Sainte-), 668 h., c. du Mas-d'Agenais.

Martin (Saint-), 372 h., c. de Beauville.

Martin-Curton (Saint-), 840 h., c. de Casteljaloux. ⟶ Église romane.

Martin-de-Villeréal (Saint-), 356 h., c. de Villeréal.

Martin-Petit (Saint-), 414 h., c. de Seyches.

Mas-d'Agenais (Le), 1,963 h., ch.-l. de c. de l'arrond. de Marmande. ⟶ Nombreux vestiges gallo-romains; fontaine Galiane; tumuli; débris de statues, bas-reliefs, poteries. — *Camparome*, ancienne station romaine ou camp romain. — Vaste église romane du XIIᵉ s. (mon. hist.), ornée de marbres anciens.

Masquières, 159 h., c. de Tournon-d'Agenais.

Massels, 225 h., c. de Penne.

Massoulès, 318 h., c. de Penne.

Maure-de-Peyriac (Sainte-), 859 h., c. de Mézin.

Maurice (Saint-), 505 h., c. de Cancon.

Maurin (Saint-), 1,091 h., c. de Beauville. ⟶ Ruines d'un prieuré; église ogivale du XVIᵉ s., inachevée; figures sculptées des chapiteaux.

Mauvezin, 790 h., c. de Seyches. ⟶ Église ogivale du XIIIᵉ s. — Château remarquable.

Meilhan, 1,994 h., ch.-l. de c. de l'arrond. de Marmande. ⟶ Ruines d'un château fort du XIIIᵉ s. — Église élégante dans le style du XIIᵉ s., surmontée d'un clocher pyramidal. — Châteaux et villas.

Meylan, 231 h., c. de Mézin. ⟶ Menhir de Pierre-Saule et cromlech des Neuf-Pierres.

Mézin, 2,940 h., ch.-l. de c. de l'arr de Nérac. ⟶ Église (mon. hist.), partie romane (XIᵉ s.), partie ogivale (XIIIᵉ et XIVᵉ s.).

Miramont, 2,002 h., c. de Lauzun. ⟶ Statue de M. de Martignac, par Foyatier.

Moirax, 660 h., c. de Laplume. ⟶ Église (mon. hist.), ayant fait partie d'un prieuré de Cluny, fondé en 1049; magnifiques détails romans.

Monbahus, 1,560 h., c. de Cancon.

Monbalen, 503 h., c. de Laroque-Timbaut. ⟶ Église du XIIIᵉ s., inachevée.

Moncaut, 631 h., c. de Nérac. ⟶ Église ogivale du XIIIᵉ s.

Monclar, 1,710 h., ch.-l. de c. de l'arrond. de Villeneuve-sur-Lot. ⟶ Vestiges d'un château très ancien.

Moncrabeau, 2,014 h., c. de Francescas. ⟶ Église; porte ogivale. — Vieux château de Lescout. — Au Marcadis, mosaïques.

Monflanquin, 3,299 h., ch.-l. de c. de l'arrond. de Villeneuve-sur-Lot. ⟶ Ruines d'un couvent d'Augustins. — Église ogivale (mon. hist.); portail sculpté.

Mongaillard, 589 h., c. de Lavardac.

Monheurt, 672 h., c. de Damazan.

Monségur, 428 h., c. de Monflanquin.

Monsempron, 918 h., c. de Fumel. ⟶ Belle église du XIIᵉ s. (mon. hist.). — Porte et autres débris de vieilles fortifications. — Restes d'un prieuré.

Montagnac-sur-Auvignon, 922 h., c. de Nérac. ⟶ Église gothique du XVIᵉ s. — Pèlerinage de Saint-Loup, aux environs.

Montagnac-sur-Lède, 721 h., c. de Monflanquin.

Montastruc, 903 h., c. de Monclar.

Montauriol, 470 h., c. de Castillonnès.

Montaut, 621 h., c. de Villeréal. ⟶ Église romane; voûte cintrée à nervures.

Montayral, 1,188 h., c. de Tournon-d'Agenais. ⟶ Château du XVIᵉ s.

Montesquieu, 1,100 h., c. de Lavard a. c. »»—→ Église romane et ogivale

Monteton, 576 h., c. de Seyches.
»»—→ Église ogivale.

Montignac-de-Lauzun, 898 h., c.
de Lauzun.

Montignac-Toupinerie, 382 h., c.
de Seyches. »»—→ Église partie romane,
partie ogivale.

Montpezat, 1,209 h., c. de Prayssas. »»—→ Église du XIIIᵉ s. — Vestiges
d'un château féodal.

Montpouillan, 725 h., c. de Meilhan·

Monviel, 285 h., c. de Cancon.

Moulinet, 568 h., c. de Cancon.

Moustier, 490 h., c. de Duras.

Naresse, 340 h., c. de Villeréal.

Nazaire (Saint-), 597 h., c. de
Lauzun.

Nérac, 7,586 h., ch.-l. d'arrond.,
sur la Baÿse, à 40 mèt. d'alt. »»—→
Église moderne décorée avec goût. —
Ruines du *château* (mon. hist.)
d'Henri IV. Dans le parc, on a décou-
vert, en 1832, des ruines romaines

Église de Moirax.

d'une grande beauté (superbe mosaïque, débris d'un palais, d'un temple,
de thermes assez bien conservés), qui
ont été classées parmi les mon. hist.
— *Statue* en bronze d'Henri IV, par
Raggi, sur une des places principales.
— Jolis boulevards. — *Promenade de
la Garenne* (2 kil. de longueur), l'une
des plus agréables du midi de la France;
elle est arrosée par quatre *fontaines* et
renferme le *pavillon des bains du*

roi de Navarre et le *palais de Ma-
rianne*; à l'extrémité se voient les ruines du *château de Nazareth*.— Restes
des murailles de l'ancienne cité. —
Belle *église* ogivale *du Petit-Nérac*
(1870). — *Pont* gothique.

Nicolas-de-la-Balerme (Saint-),
416 h., c. d'Astaffort. »»—→ Pont suspendu sur la Garonne.

Nicole, 581 h., c. de Port-Sainte-
Marie.

Nomdieu, 490 h., c. de Francescas.

Pailloles, 288 h., c. de Cancon.

Pardaillan, 818 h., c. de Duras. ⟶ Église ancienne; nef romane; chœur ogival.

Pardoux-du-Breuil (Saint-), 370 h., c. de Marmande.

Pardoux-Isaac (Saint-), 375 h., c. de Lauzun.

Parranquet, 345 h., c. de Villeréal. ⟶ Portail ancien et colonnes absidales de l'église.

Passage-d'Agen (Le), 2,015 h., c. d'Agen.

Pastour (Saint-), 820 h., c. de Monclar. ⟶ Église romane du xiᵉ s.

Paulhiac, 717 h., c. de Monflanquin.

Pé-Saint-Simon (Saint-), 610 h., c. de Mézin.

Penne, 2,520 h., ch.-l. de c. de l'arrond. de Villeneuve-sur-Lot. ⟶ Ruines d'un château; puits très ancien. — Sur un coteau élevé, chapelle de Notre-Dame de la Peyragude, pèlerinage.

Peyrière, 336 h., c. de Lauzun.

Pierre-de-Buzet (Saint-), 446 h., c. de Damazan. ⟶ Tour Peyrelongue, de construction romaine. — Remarquable église du xiᵉ s.; crypte.

Pierre-de-Clairac (Saint-), 765 h., c. de Puymirol.

Pierre-de-Lévignac (Saint-), 413 h., c. de Seyches.

Pierre-de-Nogaret (Saint-), 851 h., c. de Marmande.

Pindères, 586 h., c. de Houeillès.

Pompiey, 268 h., c. de Lavardac.

Pompogne, 451 h., c. de Houeillès. ⟶ Ruines d'une villa romaine. — Église du xiᵉ, xiiiᵉ et xviᵉ s.

Pont-du-Casse, 690 h., 2ᵉ c. d'Agen.

Port-Sainte-Marie, 2,651 h., ch.-l. de c. de l'arrond. d'Agen, près du confluent de la Masse et de la Garonne. ⟶ Ancienne église des Templiers. — Belle église Notre-Dame, récemment restaurée. — Maisons des xvᵉ et xviᵉ s. — Pont suspendu de 180 mèt. de portée.

Poudenas, 854 h., c. de Mézin. ⟶ Vieux château. — Église ancienne, inachevée.

Poussignac, 405 h., c. de Bouglon.

Prayssas, 1,581 h., ch.-l. de c. de l'arrond. d'Agen. ⟶ Église ancienne clocher du xiiᵉ s.

Puch, 1,470 h., c. de Damazan.

Pujols, 1,060 h., c. de Villeneuve-sur-Lot. ⟶ Ruines et tours d'un château du xiiiᵉ s. — Église romane.

Puymiclan, 1,047 h., c. de Seyches. ⟶ Église romano-ogivale.

Puymirol, 1,150 h., ch.-l. de c. de l'arrond. d'Agen. ⟶ Ruines d'anciennes fortifications. — Maisons anciennes à sculptures.

Puysserampion, 413 h., c. de Lauzun.

Quentin (Saint-), 405 h., c. de Castillonnès.

Rayet, 401 h., c. de Villeréal.

Razimet, 358 h., c. de Damazan.

Réaup, 850 h., c. de Mézin.

Réunion (La), 489 h., c. de Casteljaloux.

Rives, 444 h., c. de Villeréal.

Robert (Saint-), 272 h., c. de Laroque-Timbaut. ⟶ Église du xiiiᵉ s.

Romain (Saint-), 483 h., c. de Puymirol.

Romestaing, 566 h., c. de Bouglon. ⟶ Ancienne église des chevaliers de Malte : fondations romanes; colonnes ornementées et statues de l'abside du xiiiᵉ s.; clocher très élevé.

Roquefort, 251 h., c. de Laplume.

Roumagne, 535 h., c. de Lauzun.

Ruffiac, 522 h., c. de Bouglon.

Salles, 611 h., c. de Monflanquin.

Salvy (Saint-), 458 h., c. de Port-Sainte-Marie. ⟶ Église ogivale intéressante.

Samazan, 1,071 h., c. du Mas-d'Agenais.

Sardos (Saint-), 604 h., c. de Prayssas. ⟶ Belle église romano-ogivale; portail roman richement sculpté.

SaumÉjan, 534 h., c. de Houeillès.

Saumont, 312 h., c. de Nérac.

Sauvagnas, 531 h., c. de Laroque-Timbaut. ⟶ Voûte ogivale du sanctuaire de l'église et clocher du xiiᵉ s. — Ruines d'un château du xiiiᵉ s., construit en 1275, par les Templiers.

Sauvetat-de-Savères (La), 410 h., c. de Laroque-Timbaut. ⟶ Église romane; sculptures du portail de l'église et des chapiteaux.

Port-Sainte-Marie.

Sauvelat-du-Dropt (La), 676 h., c. de Duras. ⟫⟶ Église: nef gothique, chœur roman. .

Sauvetat-sur-Lède (La), 580 h., c. de Monflanquin. ⟫⟶ Le chœur de l'église, du XII° s., occupe l'emplacement d'un château fort.

Sauveterre, 556 h., c. d'Astaffort. ⟫⟶ Jolie église moderne de style roman. — Pont suspendu.

Sauveterre, 1,176 h., c. de Fumel.

Sauveur-de-Meilhan (Saint-), 502 h., c. de Meilhan.

Savignac, 524 h., c. de Duras. ⟫⟶ Église du XIII° s.

Savignac, 502 h., c. de Monflanquin. ⟫⟶ Église du XIII° s.; portail et chapiteaux sculptés.

Ségalas, 615 h., c. de Lauzun.

Sembas, 319 h., c. de Villeneuve-sur-Lot. ⟫⟶ Église gothique du XVI° s.

Sénestis, 616 h., c. de Marmande.

Sérignac, 738 h., c. de Laplume. ⟫⟶ Église romane intéressante; clocher dont la toiture monte en spirale.

Sérignac, 435 h., c. de Lauzun.

Sernin (St-), 800 h., c. de Duras.

Seyches, 1,548 h., ch.-l. de c. de l'arrond. de Marmande.

Sixte (Saint-), 651 h., c. d'Astaffort. ⟫⟶ Église à voûtes ogivales du XIII° s.

Sos, 1,340 h., c. de Mézin. ⟫⟶ Voie romaine appelée *la Ténarèse.* — Débris d'un château fort.

Soumensac, 570 h., c. de Duras.

Sylvestre (Saint-), 1,577 h., c. de Penne. ⟫⟶ Église romane moderne avec élégant clocher.

Taillebourg, 292 h., c. de Marmande.

Tayrac, 557 h., c. de Beauville. ⟫⟶ Chœur de l'église à voûte ogivale. — Menhirs.

Temple (Le), 996 h., c. de Sainte-Livrade. ⟫⟶ Église du XV° s.

Thézac, 494 h., c. de Tournon-d'Agenais.

Thouars, 460 h., c. de Lavardac. ⟫⟶ Château dont les fondations datent de l'époque romaine. — Débris de la voie romaine appelée *la Ténarèse.*

Tombebœuf, 928 h., c. de Monclar.

⟫⟶ Portail roman de l'église, décoré de sculptures.

Tonneins, 8,199 h., ch.-l. de c. de l'arrond. de Marmande, V. bien bâtie et agréablement située, sur une terrasse qui domine la rive dr. de la Garonne. La ville est divisée en deux parties, autrefois distinctes: *Tonneins-Dessus* et *Tonneins-Dessous.* ⟫⟶ Hôtel de ville. — Belle promenade de l'Esplanade, sur une terrasse, que borde, du côté du fleuve, une balustrade en pierre. — Quartier neuf et maisons élégantes près du chemin de fer. — Pont suspendu. — Chœur et abside romane de l'église d'Unet; voûte ogivale. — Manufacture de tabacs très importante.

Tourliac, 295 h., c. de Villeréal.

Tournon-d'Agenais, 1,571 h., ch.-l. de c. de l'arrond. de Villeneuve-sur-Lot.

Tourtrès, 451 h., c. de Monclar.

Trémons, 470 h., c. de Penne.

Trentels, 1,082 h., c. de Penne. ⟫⟶ Église du XIII° s.

Urcisse (Saint-), 515 h., c. de Puymirol.

Varès, 807 h., c. de Tonneins.

Verteuil, 1,058 h., c. de Castelmoron. ⟫⟶ Château bien conservé.

Vianne, 1,185 h., c. de Lavardac. ⟫⟶ Enceinte bien conservée, flanquée de tours et percée de quatre portes. — Église romano-ogivale.

Villebramar, 567 h., c. de Monclar.

Villefranche-du-Queyran, 874 h., c. de Casteljaloux. ⟫⟶ A 1 kil., église Saint-Sabin (mon. hist.); chœur roman à deux rangées d'arcades; chapiteaux représentant l'histoire de l'Ancien et du Nouveau Testament.

Villeneuve-de-Duras, 502 h., c. de Duras.

Villeneuve-de-Mézin, 235 h., c. de Mézin. ⟫⟶ Église romano-ogivale; portail et chapiteaux curieux.

Villeneuve-sur-Lot, 14,448 h., ch.-l. d'arrond., V. agréablement située sur le Lot. ⟫⟶ La ville est séparée en deux parties par le Lot; la partie septentrionale, la plus importante, est percée de rues droites et larges aboutissant à des cornières ou places en arcades régulières ; ce dessin de la ville en damier date du XIII⁰ s. — La partie méridionale porte le nom de faubourg Saint-Étienne. Le *pont* qui relie ces deux parties de la ville, présente, bien que bâti au XIII⁰ s., tous les caractères de l'architecture romane, sauf une arche hardie de 36 mèt. d'ouverture et de 18 de haut, datant de Louis XIII ; à l'entrée de ce pont, sur la rive dr., vieille chapelle de N.-Dame. — *Sainte-Catherine*, de la dernière époque ogivale, doit être démolie. — *Saint-Étienne*, de la même époque que Sainte-Catherine ; beau tableau (la Mise au tombeau).—L'église du couvent de l'*Annonciade* (style gothique) est moderne. — *Chapelle* romane moderne *des sœurs de la Croix*. — Les restes des anciennes *fortifications* ogivales sont surtout apparents dans le faubourg Saint-Étienne, qu'elles entourent d'un mur presque continu ; la *porte de Paris*, bien conservée, est une haute tour carrée en briques, à créneaux et à mâchicoulis ; une seconde *porte*, celle de Pujols, mieux conservée encore, aussi carrée à trois étages, et en briques, est couronnée de mâchicoulis. — A 1 kil. au N., sur l'emplacement de l'ancienne abbaye de bénédictins d'Eysses, *maison centrale d'Eysses* (belle tour de l'époque romaine).

Villeréal, 1,804 h., ch.-l. de c. de l'arrond. de Villeneuve-sur-Lot. ⟶ Ville bâtie sur un plan régulier.

Villeton, 623 h., c. du Mas-d'Agenais. ⟶ Portail sculpté de l'église.

Vincent-de-Lamontjoie (**Saint-**), 522 h., c. de Francescas. ⟶ Église romane ; fonts baptismaux et colonnes du XI⁰ s.

Virazeil, 1,154 h., c. de Marmande.

Vite (**Saint-**), 1,102 h., c. de Tournon-d'Agenais.

Xaintrailles, 794 h., c. de Lavardac. ⟶ Château (mon. hist.) du XV⁰ s., entouré d'étangs et de bois de pins ; donjon ; de la terrasse, vue magnifique sur les Pyrénées et les Landes. — Portail latéral et abside de l'église, du XV⁰ s.

1186. — Imprimerie A. Lahure, rue de Fleurus, 9, à Paris.

LOT-ET-GARONNE

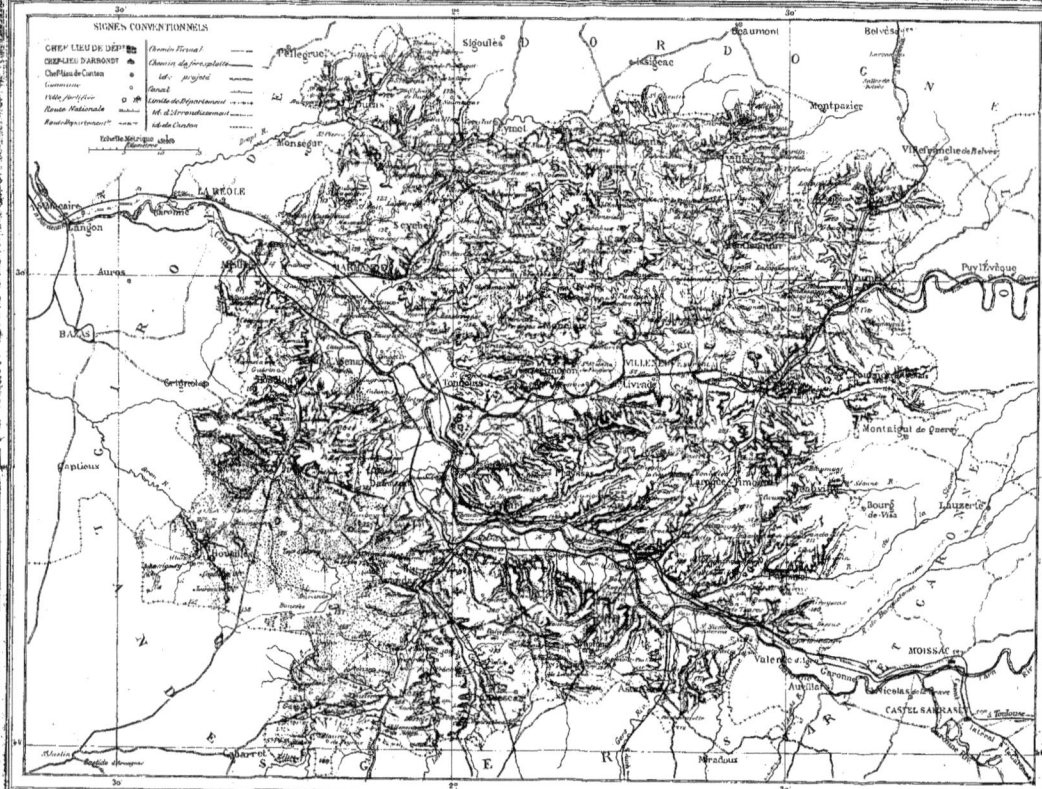

SIGNES CONVENTIONNELS

LIBRAIRIE HACHETTE ET Cⁱᵉ

A PARIS, BOULEVARD SAINT-GERMAIN, 79

NOUVELLE COLLECTION DES GÉOGRAPHIES DÉPARTEMENTALES

PAR AD. JOANNE

FORMAT IN-12 CARTONNÉ

Prix de chaque volume. . . . . 1 fr.

(Novembre 1880)

72 départements sont en vente

EN VENTE

Ain.	11 gravures,	1 carte.	Isère.	10 gravures,	1 carte.
Aisne.	20 —	1 —	Jura	12 —	1 —
Allier.	27 —	1 —	Landes	11 —	1 —
Alpes-Maritimes.	15 —	1 —	Loir-et-Cher . .	13 —	1 —
Ardèche	12 —	1 —	Loire.	16 —	1 —
Ariège	8 —	1 —	Loire-Inférieure.	18 —	1 —
Aube.	14 —	1 —	Loiret.	22 —	1 —
Aude.	9 —	1 —	Lot	8 —	1 —
Basses-Alpes. .	10 —	1 —	Lot-et-Garonne.	12 —	1 —
Bouch.-du-Rhône	24 —	1 —	Maine-et-Loire..	22 —	1 —
Calvados	11 —	1 —	Manche... . . .	15 —	1 —
Cantal.	14 —	1 —	Marne..	12 —	1 —
Charente.. . . .	15 —	1 —	Meurthe — et —		
Charente-Infér..	14 —	1 —	Moselle. . . .	16 —	1 —
Cher	12 —	1 —	Morbihan. . . .	15 —	1 —
Corrèze.	11 —	1 —	Nièvre..	9 —	1 —
Corse.	11 —	1 —	Nord	17 —	1 —
Côte-d'Or. . . .	21 —	1 —	Oise..	10 —	1 —
Côtes-du-Nord .	10 —	1 —	Pas-de-Calais. .	9 —	1 —
Deux-Sèvres.. .	14 —	1 —	Puy-de-Dôme . .	16 —	1 —
Dordogne. . . .	14 —	1 —	Pyrén.-Orient. .	15 —	1 —
Doubs	15 —	1 —	Rhône.	19 —	1 —
Drôme	15 —	1 —	Saône-et-Loire..	25 —	1 —
Eure-et-Loir . .	17 —	1 —	Sarthe	16 —	1 —
Finistère	16 —	1 —	Savoie.	14 —	1 —
Gard	12 —	1 —	Seine-et-Marne.	15 —	1 —
Gers	11 —	1 —	Seine-et-Oise. .	17 —	1 —
Gironde.	15 —	1 —	Seine-Inférieure.	15 —	1 —
Haute-Garonne .	12 —	1 —	Somme..	12 —	1 —
Haute-Saône.. .	12 —	1 —	Tarn	11 —	1 —
Haute-Savoie . .	19 —	1 —	Var	12 —	1 —
Haute-Vienne. .	11 —	1 —	Vaucluse	16 —	1 —
Hautes-Alpes. .	18 —	1 —	Vendée	14 —	1 —
Hautes-Pyrénées	14 —	1 —	Vienne..	15 —	1 —
Ille-et-Vilaine..	14 —	1 —	Vosges	17 —	1 —
Indre	22 —	1 —	Yonne..	17 —	1 —
Indre-et-Loire..	21 —	1 —			

1563. — IMPRIMERIE A. LAHURE, RUE DE FLEURUS, 9, A PARIS.

www.ingramcontent.com/pod-product-compliance
Lightning Source LLC
LaVergne TN
LVHW050303090426
835511LV00039B/1156